観光学入門

兵庫大学現代ビジネス学部教授

李良姫 《著》

溪水社

まえがき

　2020年、観光を取り巻く環境は大きく変わった。誰も予想できなかった新型コロナウイルスの感染拡大が観光産業など観光に与えた影響は計り知れない。

　筆者は、日韓において観光産業や地域の観光振興に関する現地調査を長年行ってきたことから、観光産業や観光を振興する地域に深い愛着を持っている。こうしたことから新型コロナウイルス感染拡大が観光産業や観光を振興する地域に与えた影響を考えると、あまりにも切なくて、しばらく現地調査もできず、研究を続ける気にもなれなかった。

　しかし、このような状況だからこそ、新型コロナウイルス感染拡大による観光産業や地域の現状を把握することと、ポストコロナ社会における新たな観光のあり方を提示するのが、観光を対象として研究と教育を行っている者に課せられた使命であることに気がついた。加えて、観光産業や観光を振興する地域の現状や課題について研究を続け、その研究結果を教育の場で実践すべきであることを自覚し、本書をまとめることにした。

　また、兵庫県の「ポストコロナ社会における新たな生活スタイル研究委員会」の委員として「ポストコロナ社会の観光とまちづくり」を担当することになったことも、本書の完成への動機付けになった。

　同研究委員会の組織づくりをされ、アドバイザーでいらっしゃる筆者の大学当時のゼミ担当教員だった鳥越皓之大手前大学長には「これからの観光のあり方の夢を探る」ようにとのアドバイスをいただいた。本書では、筆者の研究生活の原点でもある鳥越先生のご助言を胸に刻み、ポストコロナ社会の新たな観光のスタイルを提示しようとした。

　これまでも観光は、伝染病、戦争、国際紛争、経済不況などにより様々な影響を受けてきた。しかし、いつの時代でも人々は再び観光をし、観光産業は回復できた。国連世界観光機関（UNWTO）の「観光は長年にわたり、時折の打撃にもかかわらず、そのレジリアンス（強靭性）を示している」

という発表に希望が見える。

　本書は、筆者の社会学および観光人類学で培った理論とフィールドワークの研究成果と日本と韓国において、理論と実践を交差させた教育経験の結果をまとめたものである。

　観光は、ゲストである「観光客」と、ホストの「観光地」、観光客と観光地を媒介する企業などの「観光産業」、「観光を促進する組織や団体」で構成されている。この4つの観光の構成要素を視野に入れて、観光教育、観光資源化、地域振興の側面から考察し、ポストコロナ社会の新たな観光のスタイルを模索するのが本書の目的である。ポストコロナ社会における新たな観光のスタイルのあり方について考える契機になることを期待する。

　最後に、本書の執筆にあたり、多くの方々に多大なご協力をいただいた。特に、観光産業が大きな打撃を受けているなかでも快くインタビューに応じていただき、関連データを惜しまず提供してくださった関係者の方々にこの場を借りて、厚く御礼申し上げたい。

　なお、出版にあたり、拙著『民族分断と観光』に続き、出版を引き受けてくださった渓水社木村逸司代表および編集担当の木村斉子氏に深く感謝申し上げたい。

2020年12月31日

兵庫大学　李　良姫

目　次

観光学入門

第1章

持続可能な観光と観光教育

はじめに

　国連世界観光機関（UNWTO: World Tourism Organization）の発表によると、2018年の国際観光客到着数は14億人に達し、前年度より５％増加したという。そのなかでも、アジア太平洋地域の国際観光客到着数は、３億4,800万人で前年度比７％の増となり、この地域の国際観光客の増加は著しい。(国連世界観光機関、2019)

　日本でも2019年の訪日外国人数は、31,882,049人で前年比2.2%の増加となった。また、日本国内観光客も増加傾向であり、2019年の日本人国内延べ旅行者数は５億8,666万人で前年比4.4％増加した（観光庁、2020）。2020年、新型コロナウイルス感染拡大により国内外の観光客が激減するまでは、観光客数は順調に伸びていた。

　国内外観光客数の増加や観光立国の実現に伴い、日本でも大学における観光関連学部、学科の設置が増え、観光関連科目のカリキュラムの新設など観光教育が積極的に行われている。進路情報ポータルサイト「マイナビ進学」で観光学が学べる学校検索結果では332件がヒットし（マイナビ進学、2020）、また大学・短期大学・専門学校の進学情報サイト「スタディサプリ進路」で、「観光学を学べる学部・学科・コース」は237件がヒットする（スタディサプリ進路、2020）。一方で、観光産業を担う人材の育成や地域観光振興に貢献できる人材育成の役割を大学の観光教育が果たしているかについては充分な議論がなされていない。本書では、観光立国の実現や観光

振興を通して地域を活性化できる人材の育成について考える。

　上記のことを踏まえたうえで第1章では、観光とは何か、人々はなぜ観光をするのかについて考える。また、観光が成り立つための構成要素について説明し、観光学の研究動向と観光教育のあり方について考察する。

1．持続可能な観光と観光の目的

（1）持続可能な観光の定義

　ヴァレン・L・スミスは、観光を定義するのは難しい、と言ったうえで、ツーリスト、つまり観光客を「変化を経験する目的で、家から離れた場所を自らの意志によって訪問する、一時的に余暇のある者」と定義している（スミス、1989：三村監訳、1991）。つまり、観光とは、日常生活から離れて、帰ってくる目的で移動をすることである。移動が絶対必要条件になる観光において、2020年現在、新型コロナウイルス感染拡大により移動が制限されている状況から考えると、観光が当たり前のことではなく、平和が前提であることを実感せざるをえない。

　観光客は、健康増進、異文化理解、交流の機会を得ることができ、観光地は、経済的効果を得ることができるなど観光がもたらした効果は多様である。しかし、観光がもたらしたマイナス的な側面も無視できない。無分別な観光開発による自然破壊、観光客による生態破壊、ゴミ問題、環境汚染問題、治安問題、交通問題、観光による伝統文化の変容などは観光がもたらした弊害である。

　こうした多くの観光客が観光地を訪れるマスツーリズム（大量観光）に対する反省から始まったのが持続可能な観光（サステーナブル・ツーリズム：Sustainable tourism）である。持続可能な観光とは、観光地の環境や地域の住民の生活と文化を守りながら長期的な観点から観光を考えようとするものである。地球規模で環境破壊が広がるなかで、環境問題への問題意識が広がり、観光活動においても環境保存に対する関心が高まったことから、持続的に環境と共生して観光活動を続けていこうとする考え方がその

背景にあった。

　国連世界観光機関では持続可能な観光を、「訪問客、業界、環境および訪問客を受け入れるコミュニティのニーズに対応しつつ、現在および将来の経済、社会、環境への影響を十分に考慮する観光」と定義している。つまり、環境を破壊することなく、地域住民の生活や文化を尊重しながら、観光産業従事者にとっては経済的利益を得ることができ、観光客にとってはまた訪れたくなる、満足できる観光活動を行うことである。その結果、将来に亘って消滅することなく持続的に観光活動が行えることが持続可能な観光といえる。

（2）持続可能な観光の類型

　持続可能な観光の主な類型としては、エコ・ツーリズム、グリーン・ツーリズム、ヘリテージ・ツーリズムなどがある。

　エコ・ツーリズムは、自然を尊重し、自然と共生した観光を推進することで収益をあげ、その収益で自然を保護、保全することを目的とする観光のことで、観光客には必ずエコガイドが付き、自然の大切さや樹木や生き物など自然に関しての説明、解説を行う学習型観光である。

　グリーン・ツーリズムは、農村地域に滞在し、農業や農村生活に触れ、農村文化に親しみながら過ごし、自然の大切さを学ぶ観光である。大分県の安心院町で行われている農村体験民宿観光がグリーン・ツーリズムの先進的な事例である。

　ヘリテージ・ツーリズムとは、ユネスコが指定する世界文化遺産をはじめとする、世界、国、地域で守るべき文化や自然遺産をめぐる観光をいう。皮肉にも、世界的に守るべき遺産であると認められ、世界遺産に指定された地域が、観光化することによって、観光客の増加に伴う環境破壊などに直面している例もあるが、世界遺産指定は地域の念願でもあり、観光客誘致にも影響を与えている。世界文化遺産指定の本来の目的である、人類の大切な遺産である文化や自然、歴史的な建造物が観光活動を通して守られ、持続的に観光活動ができるようにしていくことが課題となっている。

（3）観光の目的

　人々はなぜ観光をするのだろうか。国連世界観光機関の発表によると、国際観光客の旅行の目的は、「レジャー、レクリエーション、休暇」が全体の56％を占め、「知人・親戚等訪問（VFR）、健康、宗教、その他」が27％、「ビジネスおよび業務」が13％、「その他」が４％となっている（国連世界観光機関、2019)。国連世界観光機関は旅行目的を大まかに分類しているが、人々が旅行をする目的は様々である。まず、美しい自然の風景を見る目的がある。日本は、春夏秋冬の四季がはっきりしていて、日本を訪れる外国人は、美しい日本の自然に感動する。また、訪れた国や地域の歴史を学び、祭りなどの文化に触れることも観光の目的である。

　また、日本を訪れた外国人観光客を対象に観光庁が実施する『訪日外国人消費動向調査』によると「訪日前に期待していたこと」の第１位が「日本食を食べること」で第２位と大きく差をつけている（観光庁、2020)。観光客にとって食べ物は、訪問観光地を決める重要な要素の一つになっている。

　有名なホテルに泊まること、電車や船に乗ることだけの観光目的や東京ディズニーランドやユニバーサル・スタジオ・ジャパンなどのテーマパークで遊ぶことやライブなどのイベントに参加する目的もある。さらにオリンピック・パラリンピックなどのスポーツ観戦も観光目的のひとつである。最近、アニメーションの聖地巡礼が話題になっているが、映画やドラマの撮影地やゆかりの地を訪ねるのも観光目的である。日本には、多くの温泉があるが、温泉でゆっくりすることも観光目的のひとつとなっている。これらのほかにも、いろいろな目的で人々は観光をする。

２．観光の構成要素

（1）観光客

　観光をする人、すなわち観光客がいないと観光は成立しない。観光による経済的効果や、観光化が伝統文化に与えた影響と並んで、最も重要な観

光学の研究テーマがホストとゲストの問題である。ゲストである観光客が訪れることによって、ホスト社会である地域住民の生活や文化にマイナス影響を与えている例も多く報告されている。

　現在のように観光が大衆化、グローバル化される以前は、豊かな生活をしている人が貧しい観光地を訪れるというパターンが多かった。そうすると、そこでは両者の文化的価値や経済的発展が異なるために、ホストとゲストの間には摩擦が生まれる。また、素朴かつ静かに生活してきた地域が、観光化されることにより、以前のような静かな生活の維持が難しくなることから、観光化に賛成する住民と反対する住民の間にも軋轢が生じる。

（2）観光地

　観光は、観光客を受け入れる地域がなければ成り立たない。ここでいう地域は、観光名所など優れた観光資源を持つ地域だけではなく、観光客を受け入れるすべての地域が対象になる。この場合の地域は、もちろん地域住民が主体であり、観光資源など観光対象も含まれる。

（3）観光産業

　次に、観光客と観光地をつなげる観光産業がある。主な観光産業としては、観光客と観光地の媒体事業である旅行業、そしてホテルや旅館など宿泊業が挙げられる。

　従来の観光では、この観光産業が主体になり、観光対象地域に一方的に観光客を送りこみ、観光対象となる地域でのマネジメントも行ってきた。しかし、近年になってからは、地域が主体になって観光客を受け入れる着地型観光が積極的に行われている。

（4）観光を促進する団体・組織

　観光を構成する4つ目の要素が、観光を促進することを目的とする団体や組織である。観光を促進する日本政府の代表的な組織には、「観光立国」の推進体制を強化するために2008年に発足した観光庁がある。近年、注目

を集めているのが「観光地域づくり法人（DMO）」である。観光庁では、観光地域づくり法人を「地域の「稼ぐ力」を引き出すとともに地域への誇りと愛着を醸成する「観光地経営」の視点に立った観光地域づくりの舵取り役として、多様な関係者と協同しながら、明確なコンセプトに基づいた観光地域づくりを実現するための戦略を策定するとともに、戦略を着実に実施するための調整機能を備えた法人」と定義している（観光庁ホームページ）。

　その他、都道府県や市町村の観光関連部署や観光協会、NPOなどがある。こうした組織や団体の活動により観光客が増加し、観光振興につながったといえる。とりわけ、訪日外国人の受け入れ事業であるインバウンドに関しては、このような観光を振興する団体や組織が大きな役割を果たしている。

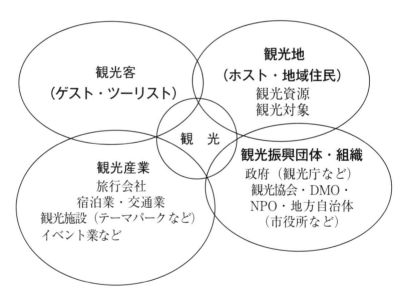

図1　観光の構成要素

出所：筆者作成

３．観光学と観光教育

（１）観光研究動向と観光学の対象

　観光学とは、観光について幅広く研究する学問である。そのため、観光を題材とする学問も多くある。そのなかでも、地理学や心理学、経営学、経済学における観光の研究は早い段階から行われていた。

　観光により経済効果や地域活性化、社会、文化的な効果が得られることから観光分野における幅広い研究が多く行われている。特に、訪日外国人観光客数の増加に伴い、マーケティングや多言語サービスなどの受け入れ体制の整備に関するインバウンド観光関連研究が盛んになっている。

　インバウンド観光を活用した地域活性化の視点や国際交流の促進に関する研究が盛んになり、インバウンド観光の研究対象となる地域も、観光名所を持つ観光地にとどまらず、大都会から地方を対象としたものまで増加傾向にある。

（２）観光学と観光人類学の研究動向

　筆者の観光研究の出発点は社会学であった。大学で社会学を専攻し、社会学的視点からの祭りの研究を行ったことで、祭りの観光化をテーマとして卒業論文を書いたのが観光研究の道に進む契機となった。その後、文化人類学の視点、さらに観光人類学的なアプローチも踏まえた観光研究を行ってきた。近年は、企業の経営について研究する経営学の手法を用いて、地域を一つの企業として捉え、経営学と観光人類学を融合した観光研究を進めている。

　地理学や心理学、経営学における観光研究は早い段階から行われていたが、人類学的な視点からの研究はそれほど古くない。人類学は、人間について総合的な研究を行う学問である。人類学者は、いろいろな土地を訪れ、その土地に長い期間滞在しながら、調査対象となる現地の言語を習得し、その民族の風習や文化について調査分析を行う。

観光人類学は、人類学の研究手法を用いて、いろいろな観光現象を研究する学問である。観光人類学の研究対象は、ホストとゲストの関係から生じる問題をはじめ、観光と植民地、観光と性、また本書でも取り上げる観光化による文化の変容、エスニック・ツーリズムなど様々である。

（3）観光教育のあり方

　観光庁は、「観光先進国実現のためには、子供たちが観光の果たす役割について理解し、関心を持ち、日本各地の観光資源の魅力を自ら発信できる力を育む観光教育の普及が必要」であるとしている（観光庁、2020）。まず、観光教育には、こうした観光について、理解し発信できるようにするための小中高生を対象にした観光教育がある。加えて、観光について理解を高め観光産業や地域の観光振興のために活躍できる観光人材を育成するための専門学校や大学における観光教育がある。

　特に大学における観光関連教育において大事なことは「人材育成」である。観光産業で活躍できる人材を育てること、観光を通して地域振興を図り、地域に貢献できる人材を育成することが観光関連教育を担っている大学に課せられた使命である。大学の観光教育において理論と実践を実現するためには、大学教育で足りない部分を地域や組織、関連産業で補っていく必要がある。その手段が地域イベントへの参加やインターンシップ制度である。

　大学における観光学の学習は、観光による経済的利益の分析や観光関連企業や観光地の経営のみならず、社会学や観光人類学、心理学、地域政策的な側面など様々な観光研究から得られた研究成果を踏まえながら、観光を構成する4つの側面について学ぶものである。

　大学における観光教育は、理論的な教育に加え、実務および実践教育が重要であることから、近年、各大学では実践教育にも力を入れている。もちろん、理論と実践を交差させる観光教育は簡単ではない。そのため、観光関連教育を担当する教育者は、常に世界の観光動向や地域の観光現象に注目し研究を進めていくべきである。さらに観光研究で得られた成果を教

育現場や地域社会、観光産業へ向けて発信していかなければならない。

4．本書の構成

本書の構成は以下の通りである。

第1章「持続可能な観光と観光教育」では、観光の定義、観光の目的、観光を構成する要素、観光研究動向について概観したうえで、観光教育のあり方について述べている。

第2章「地域イベントと観光教育」では、イベントの定義と開催目的について述べたうえで、大学生がイベントそのものを創ることをはじめ、イベント会場の運営を手伝うボランティア活動などの大学生のイベント参加類型について諸事例を紹介している。さらに大学生の地域イベント参加による効果と課題について分析している。

第3章「インターンシップと観光教育」では、日韓における大学生のインターンシップに関わってきた筆者の指導経験を踏まえたうえで、インターンシップ参加による効果と課題について提示している。

第4章「地域資源の観光資源化」では、観光資源とは何かについて述べ、主な観光資源を紹介している。また、祭りの観光資源化の過程および祭りが地域の観光資源として定着するための成功要因について提示した。

第5章「伝統文化の観光化」では、多岐にわたって行われている観光学の研究のなかでも注目を集めている「観光と伝統文化」の関係について取り上げ、観光により生じる伝統文化の再生と変容について述べたうえで、課題を提示した。

第6章では、「エスニックの観光化」について取り上げた。エスニック・ツーリズムとは従来、異民族の文化様式を鑑賞する観光とされていた。本章では、エスニック・ツーリズムについて定義したうえで、日本および海外のエスニック・ツーリズムの事例を取り上げ、課題について提示した。

第7章「ノスタルジアの観光化」では、ノスタルジアの定義について説明したうえで、日韓におけるノスタルジアの観光化の取り組みを紹介し

た。その上で、ノスタルジアの観光化の要因および課題を明らかにした。

　第8章「エコ・ツーリズム」では、地域の環境や地域住民の生活を守る、地域住民に利益が還元できる、本来のエコ・ツーリズムの実施という目的を捉えた取り組みが必要であることを主張した。

　第9章「ヘルス・ツーリズム」では、定義と歴史について説明したうえで、日本のヘルス・ツーリズムの現状について紹介した。また、韓国、台湾、タイなどのアジアのヘルス・ツーリズムの現状について分析し、今後のヘルス・ツーリズムの課題を提示した。

　第10章「フード・ツーリズム」では、食や食文化が観光客の集客に大きな役割を果たしている例を紹介した。旅行満足事項において、食べ物が美味しいとの答えが高割合を占めており、観光客にとって食べ物は、訪問観光地を決める際の重要な要素のひとつになっていることを述べた。

　第11章「ロングステイ・ツーリズム」では、ロングステイの定義について一般財団法人ロングステイ財団が提示している定義を中心にまとめたうえで、各国のロングステイ・ツーリズムの取り組みについて紹介した。さらに、日本国内のロングステイについても考察し、ロングステイ・ツーリズムの課題について述べた。

　第12章「人口減少・少子高齢化と観光」では、広島県山県郡北広島町の観光振興の取り組みの事例から見る、国および地域が取るべき政策について考察した。

　第13章「観光危機と新たな観光スタイル」では、新型コロナウイルス感染拡大が観光に与えた影響について概観したうえで、コロナ禍社会を克服するための観光地の取り組みについて把握し、ポストコロナ社会における新たな観光スタイルを提示する。

おわりに

　本章では、持続可能な観光とは何かについて定義したうえで、人々が観光をする目的について述べた。その上で、観光の構成要素には、①観光客、

②観光地、③観光産業、④観光を促進する組織や団体があることを述べ、大学における観光教育のあり方について提示した。

　2020年に生じた新型コロナウイルス感染拡大により、観光スタイルの変化を余儀なくされた面があるとしても、現代は観光交流の時代である。その地域に居住したり滞在したりすることはできなくとも、観光を通して人的な交流を行うことはできる。ただ観光地を訪れるだけではなく、観光を通して社会現象を見出し、交流の機会を作り、国際感覚を養うことを期待する。

　同じ世代同士の交流も大事だが、幅広い年代や地域の人々との交流が望まれる。訪れた地域の文化や社会を理解することで、その地域の魅力を体感し、親近感を高めることができる。しかし、交流が困難な時に、観光がどうあるべきかを模索しなければならない。

◆まとめ◆

1．観光地の環境や住民の生活と文化を守る観光が持続可能な観光である。
2．人々は様々な目的で観光をする。
3．理論と実践を交差させた観光教育が望ましい。
4．観光が国際交流に果たす役割は大きい。

参考文献

李良姫（2017）「大学における効果的な観光教育の実践と課題－地域イベント参加を中心に－」『兵庫大学論集』第22号、pp.15-25。

国土交通省観光庁参事官（観光人材政策）付（2020）『令和元年度改訂学習指導要領の内容をふまえた観光教育のプログラム作成等の業務報告書』、p.2。

Valene L. Smith (1989) *Hosts and Guests: The Anthropology of Tourism*, University of Pennsylvania Press.（日本語訳：三村浩史監訳（1991）『観光・リゾート開発の人類学－ホスト＆ゲスト論でみる地域文化の対応－』勁草書房）。

溝尾良隆（2011）『観光学と景観』古今書院。

参考Webサイト

マイナビホームページ「観光学が学べる学校一覧」〈https://shingaku.mynavi.jp/zenkoku/search/dt/?sc=4&s=23〉（2020年8月30日閲覧）。

国連世界観光機構（UNWTO）ホームページ「なぜ観光？」〈https://unwto-ap.org/why/tourism-definition/〉（2020年8月1日閲覧）。

国連世界観光機関（UNWTO）ホームページ「International Tourism Highlights 2019年日本語版」〈https://unwto-ap.org/wp-content/uploads/2020/02/Tourism-HL2019_JP.pdf〉（2020年8月1日閲覧）。

観光庁ホームページ「訪日外国人の消費動向－訪日外国人の消費動向調査結果および分析－」〈https://www.mlit.go.jp/kankocho/siryou/toukei/content/001345781.pdf〉（2020年8月1日閲覧）。

観光庁ホームページ「観光地域づくり、観光地域づくり法人（DMO）とは」〈https://www.mlit.go.jp/kankocho/page04_000048.html〉（2020年8月1日閲覧）。

日本政府観光局ホームページ「訪日外客統計の集計・発表」〈https://www.jnto.go.jp/jpn/〉（2020年11月1日閲覧）。

第2章

地域イベントと観光教育

はじめに

　新型コロナウイルス感染拡大により、観光業が受けた影響のなかでもイベント業界が受けた影響は最も深刻である。大学生のボランティア活動の多くの部分を占めていた地域イベント参加も、現在、皆無に等しい。

　新型コロナウイルス感染拡大以前は、大学生が多岐多様な地域イベントに様々な方法で参加していた。地元の大学生がイベントそのものを創り出すことをはじめ、出店、踊りチームとしての参加やイベント会場の運営を手伝うボランティア活動など多岐に亘って活躍していた。

　筆者は、日韓において教育の一環として大学生の地域イベント参加に多く関わってきた。現在も地域連携と教育の質の向上のために、学生を地域イベントに積極的に参加させている。大学生の地域イベント参加は得られる効果が多い一方で、課題も抱えている。

　本章では、日韓における教育現場で筆者が携わってきた大学生の地域イベント参加の経験と研究結果をまとめた。まず、イベントの定義とイベント開催による効果について説明し、大学生のイベントへの参加類型を分析、大学生のイベント参加による効果と課題を提示する。

1. イベントの定義と効果

（1）イベントの定義と分類

　イベントの定義について、社団法人日本イベント産業振興協会は、「イベントとは何らかの目的を達成するための手段として行われる行・催事である」とした通商産業省（現経済産業省）のイベント研究会による定義が「最も本質的・普遍的なもの」としている。また、イベントの社会的な機能や役割によって、「公共イベント、産業イベント、市民イベント」と分類している（社団法人日本イベント産業振興協会、2004）。

　こうした分類から見ると、大学生が参加する地域イベントは、国や地方自治体など行政機関や公的な立場にある組織・団体が主催する公共イベントから、商店街で開催されている販促・PR型の産業イベントまで多種多様であることがわかる。

　さらに、日本イベント産業振興協会では、イベントの形態によって「①博覧会系イベント②展示会・見本市系イベント③祭り系イベント④会議・集会系イベント⑤文化・芸能系イベント⑥スポーツ系イベント」の６つに分類している。特に、祭り系イベントについては、日本には多くの「祭り」があり、伝統的な祭り以外にも、地域の活性化を図るための新しいイベントを、好んで「○○祭り」と名付ける傾向があるとしている。

　つまり、地域イベントは、様々な目的で行われるすべての行事・催しであり、その地域住民や地域の組織、団体が主体になって開催されるものであると定義できる。

（2）イベント開催による効果
①新たな顧客の確保

　兵庫大学と兵庫県太子町商工会の産学連携事業である「太子町マーケット」を訪れた来場者を対象に行ったアンケート調査では、「この１年間に太子町マーケットの出店がきっかけで行った店」が28.4％であった。また、

同様の質問を出店店舗を対象に行ったアンケート調査では、33.3％が「新規のお客さんが増えた」と答えた（李ほか、2020）。太子町マーケット来場者は、今まで行ったことのない新たな店舗を訪れることができ、出店店舗にとっては新規の顧客を獲得できた効果もあった。

②販売効果

上記の太子町マーケットに出店した店舗を対象にした売り上げの調査では、「まずまず」が52.5％、「情報提供だけ」が34.8％、「完売」は4.3％であった。「予想以下」と答えたのは、8.7％のみであったことから、一定の販売効果があったと思われる。

③情報提供・収集の場

出店店舗を対象にしたアンケート調査の結果、来場者への情報提供において「まずまずできた」と「大いにできた」が合わせて69.4％に達していることから情報提供の場になっていることがわかる。

写真1　太子町マーケットの風景

出所：筆者撮影（2019年1月13日）

④コミュニケーション能力の向上

地域イベントは、人々の交流の場として利用されている場合が大変多

い。それらは、主催者や参加者の意図によるものが多いが、そのなかには意図していない交流の場が生まれることもある。例えば、留学生をはじめ外国人をイベントに参加させることにより、日本文化の理解、日本人との交流の場を提供。それらはまたイベントを盛り上げることにもなる。

　また、国際交流のみならず、世代間の交流を通してコミュニケーション能力を高める効果がある。実際、地域の祭りに参加している子供は人懐こく、コミュニケーション能力に長けているように見える。

写真2　太子町マーケットでマスコットキャラクターを着た学生スタッフ
出所：筆者撮影（2019年1月13日）

⑤地域活性化
　祭りの収入の多くは、企業や各商店で拠出する協賛広告料収入や地方自治体と商工会議所の補助金がほとんどである。そのほか、イベント開催による収入があるがそれらはイベントの運営にほぼ全額使われる。主催者側が出し合い、主催者が使い合うような感じではある。しかし、祭り自体から利益を出すのが祭りの開催の目的ではない。もちろん、商業イベントのように、その場での利益を追求するイベントもあるが、地域活性化を目的で開催されるイベントは、その場での利益より、イベント開催から得られ

る地域活性化が目的である。

⑥経済的効果

　イベント会場や宣伝広報に関わる地元の企業は地域イベントに関わることによって、直接的な経済効果が得られる。そのほか、地域イベント会場の周辺の商店街は売り上げが上がる。しかし、周辺以外の商店街は地域イベント開催中にはイベントに参加するため店を閉めなければならないといった理由で、逆に売り上げは下がることもある。そのため、商店街にも直接的な経済効果ではなく、間接的な経済効果が得られるように対策を模策する必要がある。

（3）大学生の地域イベント参加動向

　近年、多岐多様な地域イベントに様々な方法で大学生が積極的に参加する傾向がみられる。地元の大学生がイベントそのものを創り出すことをはじめ、出店、踊りチームとしての参加やイベント会場の運営を手伝うボランティア活動など多岐に亘って活躍している。

　地域イベントの開催において大学生が果たしている役割は大変大きく、もはや大学生は地域イベントには欠かせない存在になっているといっても過言ではない。特に、延期にはなったが、東京オリンピック・パラリンピックの開催、また2025年開催の大阪関西万博など、様々な規模や形態のイベントが今後ますます多く開催されるようになると考えられる。それに伴って、イベント産業を担う人材育成が急がれる中で、大学生の参加はイベント運営の担い手育成の側面からも大変意義があり、重要である。

2．大学生の地域イベントへの参加類型

（1）新たなイベントの創出

　地域で開催されるイベントには大学生が積極的に参加している。祭りなど地域イベント開催は地域の活性化や観光客集客において大変有効な手段であり、地域のイベントに大学生が参加することで得られる効果も無視で

きない。とりわけ、長年続けてきた地域の祭りの担い手の確保が課題となっている現状において、若者が参加することによって地域およびイベントそのものに活気が出る。加えて、理論と実践の併用が求められている観光教育において、実践教育の側面からの効果も期待できる。

　大学生がよさこい関連祭りに関わる類型としては、「単独の新しいよさこい祭りを創出する場合」と、「既存の祭り開催の一部分」として、あるいは、「既存の祭りを変更させた場合」に分けることができる。単独の新しいよさこい祭りとしては、北海道内の大学生が中心になり祭りを創出・維持している「札幌YOSAKOIソーラン祭り」が代表的である。

　山口県内の大学生が、大学生と地域との交流を目的として開催、企画、運営している「結人祭」も単独の新しいよさこい祭りを創出した事例に該当する。2019年に第8回目を迎えた結人祭は、副題を「学生と地域の方々を繋ぐお祭り」としている。

　山口県内の一つの大学が主体となって「わん!!～学生と地域の人々を繋ぐお祭り～」として2010年に始まり、翌2011年2回目まで開催された。その後2012年には他大学との連携を図るなどして、その形を変え、現在では

写真3　札幌YOSAKOIソーラン祭り学生スタッフ

出所：筆者撮影（2014年6月7日）

結人祭として開催されている。これは学生イベントが状況やニーズにより変化を遂げ発展していく事例である。

　結人祭は、毎年の秋分の日に朝10時から午後5時まで山口市中市商店街で開催されている。主催および事務局は、山口市中市商店街振興組合だが、山口大学や山口県立大学の学生が主体になって開催している。この結人祭で催されるよさこい踊りは、山口県内の大学生よさこいチームをはじめ、県内外からの一般チームを含めた40前後のチームが参加している。よさこい踊り以外のプログラムとして、縁日、スタンプラリー、アート企画、体験ブースが運営されている。

（2）出店

　大学生が地域イベントに参加する方法として最も多く見られるのが、地域の祭り会場などの出店であろう。筆者の勤務した学科でも、地元の祭りに留学生を中心に出身国の料理をつくり販売した経験がある。参加した留学生からは、地域の住民との交流ができ、また地域イベントを通して日本の文化を学ぶことができて大変良い経験であったという感想が聞かれた。地元住民からは、それまでは騒音やゴミ問題などマナーの悪さばかりが目立っていた近隣大学生ではあるが、会場の設営から撤収作業まで参加したことで大学生に対するイメージが好転したようで、次年度以降も参加の要請があったほどである。

　日本国内の地域イベントのみならず、外国でのイベント参加体験からも得られる効果はより大きいものがある。筆者の勤務した大学では、日本の他大学では珍しく海外での祭りに日本文化を紹介するブースを運営し、国際交流を図った。韓国第2の都市釜山広域市で開催される「砂祭り」に参加した学生からは、「大学に入学して2か月で出国準備も祭りの運営準備も韓国語もままならず、しっかりとした活動をすることができなかった。今後、このような活動があるときには、しっかりと準備、学習したうえで参加するべきだと思った。また、海外の祭りへの参加を通して自分の持っているコミュニケーション能力の低さを目の当たりにした。この経験を活

かし、もっとコミュニケーション能力を身につけたいと思う」との感想が聞かれた。海外のイベントに参加したことでコミュニケーションの大切さを学ぶことができたようだ。

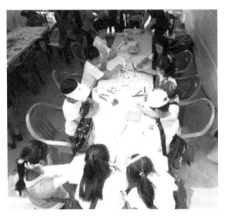

写真4　韓国の祭りで日本文化体験教室を開催

出所：筆者撮影（2012年6月2日）

　一方、韓国の大学では、出店、その他の方法でより積極的に大学生が地域イベントに参加している。例えば、韓国のA大学ホテル観光学部は、地元の釜山広域市機張郡で毎年開催されている地域イベント「機張いわし祭り」に毎年参加している。1997年に初めて開催された体験型地域イベントで、2019年には23回目を迎えた。

　韓国は1996年にそれまで任命制だった自治体の首長が選挙で選ばれるようになり、地域の活性化と首長の業績づくりのために多くの新しい地域イベントが開催されるようになった。この「機張いわし祭り」もいわしなど地域特産物の販売促進によって地域活性化を図り、海岸など周辺観光地と連携した観光商品を開発することが開催目的となっている。

　主なプログラムには「いわし刺身無料試食会」、いわしを網から降ろす「いわし降ろし体験」、「いわしつかみ体験」などがあり、開催期間は土日を挟

んだ4日間である。主催者側の発表では延べ約100万人の観客が集まっている。

　この祭りに韓国のA大学の学生約50人が参加し、いわしを使った「韓国料理」、「薬膳」、「ベーカリー」など新製品を開発し展示、試食会を行った。この祭りへの参加がTVで放映されたことで、学校のPRにもつながった。祭り参加により「新製品開発能力がアップ」され、「学校に対する自負心」が芽生え、学生同士、学生と教員間の「連帯感と信頼」が高まり、「学外活動に自信」を持つようになるといった効果があった。

（3）踊りチームとして参加

　近年、多くの地域で「よさこい」が踊られるようになっているなかで、山口県下関市と福岡県北九州市門司港にまたがって「関門よさこい大会」が開催され、2019年には13回目を迎えた。

　地元からの大学生はもちろん、韓国の大学からもよさこいチームを結成し参加している。参加学生達は単に踊るだけではなく、事前会議に参加し、当日の会場設営・撤収、県外チームのアテンドなども行う。これは韓国からの大学生チームも同様である。

写真5　関門よさこい大会

出所：筆者撮影（2014年8月23日）

下関市立大学の学生約50名で構成されている踊りチーム「震」と約30名の「梅光学院大学　LUCIS」という2つの学生よさこいチームがある。彼らは、各代表3名ずつくらいが関門よさこい大会実行委員会の事前会議に参加し、チーム全員でテント・看板・椅子の出し入れなど当日の会場の設営や撤収を行い、両校の4年生が専属スタッフとして県外チームのアテンドなどの役目を果たした。総勢80名がスタッフとなり、朝の設営が終わったら、門司と下関の各会場で、実行委員達も通常通りよさこいを演舞する。2校以外の下関のチームも基本、同じ動きをする。設営、撤収のスタッフであり、地元で踊るパフォーマーでもある。

　他の一般的なよさこい祭りでは、スタッフは終日スタッフとして裏方に徹して、最後に「感謝の舞」と称して1回踊ったり、参加団体の少ない前夜祭に出て踊ったりする程度である。演者としての参加にはかなり制限があり、スタッフと演者を切り離して運営されていることが多い。

　関門よさこい大会では地元の祭りは地元のチームにとって、家族や友達の前で踊れるハレの舞台なので、下関のチームも全員スタッフではあるけれども、他の参加チーム同様、規定の3回の演舞を踊れるように役割分担やタイムスケジュールを調整している。演ずる側と世話する実行委員側の区別がなく、踊り手の一員として参加することと、スタッフとしての役割が並行していることが関門よさこい大会の特徴であろう。

（4）パレード参加
　京都は古い歴史を持つ地域であり、年間を通して多くの祭りが開催されている。そのため、京都在住の大学生は様々な形で祭りに携わっている。京都三大祭りのひとつである「時代祭り」における大学生の参加事例をみてみよう。まず、各大学の学生部に申込用紙があり、参加希望者はそれを送付すると、申込受付のメールが届いて、時代祭りの参加が決定される。

　京都の各大学で時代祭り参加者の名簿が用意される。祭り当日は、参加者は担当の時代や隊列が割り振られ、それぞれの時代の装束に着替える。衣装は主催側が用意する。京都御苑から平安神宮まで大通りを歩く。集合

場所は河原町六条辺りの「ひとまち交流館」という施設で、着替えて準備をしてから、同施設の周辺地域を行列でめぐる。その後、バスで御苑に向かい、昼休憩をとってから時代祭り本番がスタートする。

　衣装や小道具、朝食のおにぎりとお茶が支給され、昼食に弁当とお茶、着替えるためのスペースと私服等保管のための袋と場所移動用バス、御苑内の休憩用椅子や簡易トイレが準備されている。参加記念品として木製の駒がもらえるが衣装や道具はすべて返却する。最終地点の平安神宮に到着したら、着替え用スペースまで案内され、そこで預けていた私服を受け取って着替え、衣装等を種類別に返却したあと、受け取りブースで日当を本人確認印と引き換えに受け取る。

写真6　京都時代祭り行列
出所：筆者撮影（2016年10月22日）

参加した学生からは以下の感想を聞くことができた。

　　注目のされ方と、規模の大きさが印象深い。スタートの御苑からゴールの平安神宮まで、観覧客がずっとルートの両サイドにいて、行列の参加者も多く、さすが京都三大祭りって感じ。着慣れない衣装と道具のために、ルー

ト全行程を歩くのは疲れることもあるが、京都の学生であるからこそ参加できることであり、楽しくて、ちょっと誇らしいところもあった。

京都の歴史で言えばそこまで古い祭りというわけでもないが、今後のことを思えば、京都の歴史に参加できているって意識が持てて嬉しい。学生の祭り参加には、歴史等に知識がなくても単発アルバイトとして参加できるため、人材確保の意味では、京都は学生数も多いので大変有利だろう。しかし、ただの若い人材としてだけで祭りとの関わり方が終わるのみではなく、氏子になるというような関わり方も良いだろう。京都っぽい体験ができるので次回も参加したい。

パレード参加にはこうした報酬を得て個人的に参加する場合のほか、学校や同好会などのグループ単位で参加する場合もある。パレードに参加することは報酬の有無を問わず、地域の歴史や文化を学ぶことができ、地域に対する愛着心の向上の側面からも参加の機会を多く与えるべきである。

（5）運営への参加

大学生が地域イベントの運営に参加する場合は、スタッフとしての参加とボランティア活動としての参加がある。日本では大学生がスタッフとして参加する場合はボランティアとして参加することが一般的であるが、韓国ではボランティアとしてではなく、報酬を受けるスタッフとして参加することの方が多い。

筆者が勤務した韓国のA大学は、4年制のホテル観光学部のなかに、「観光コンベンション学科」があり、学生は地域で開催されるイベントにアルバイトとして積極的に参加していた。大学生の地域イベントの企画・運営への参加は、報酬の有無にかかわらず、スタッフの一員であることに変わりはないが、報酬を受け取ることで、仕事に対するプロ意識を持たせるメリットがある反面、奉仕の意識が薄れ、報酬を受けないと参加しなくなるというデメリットもある。

韓国におけるこうした現象は、多くの大学生が報酬の有無にかかわらず、積極的に地域イベントへ参加する日本とは異なる一面である。報酬の有無

にかかわらず、地域イベントの企画から運営までに深く関わるスタッフとしての参加は、主催者側や地域にとっては、イベントの担い手として必要な存在であり、参加学生にとっても地域や社会から学ぶことができる点から有意義であろう。また、地域イベント開催には、多くは地域の一般住民がその役目を担っているが、大学生のボランティア参加にも大きな期待が集まっている。大学生の地域イベントへの参加は、個人として参加する場合と学校やサークルなどグループとして参加する場合がある。

　彼らは、イベント会場の設営から運営の手伝い、撤収などのあらゆる場面で重要な役割を果たしている。一方、ボランティアの適材適所の活用については課題も残っている。筆者も、地元で開催される祭りに学生ボランティアを派遣してほしいという依頼を受け、日本文化の理解と日本人との交流の良い機会だろうと思い、2人の留学生を派遣した。

　しかし、イベントの終了後、参加学生に担当業務を聞いたところ、主催者側の関連ブースでうどんを販売していたことを聞き、大変失望した。半面、参加学生からの感想では「主催者側の人たちと交流ができ、休憩時間にはイベントを楽しむことができて大変有意義な時間であったので、また参加したい」という声があった。教員の意図とは異なる業務内容であっても、参加学生にとっては、学ぶことが多い参加であったようだ。もちろん、参加学生にとって、やりがいがあり、教育効果を得ることができる役割が理想ではある。しかし、こうした参加学生からの意見を聞いてからは、大学生の地域イベントへの参加は、担当業務にかかわらず、参加する機会を拡大させることが重要であると思うようになった。

３．大学生の地域イベント参加の効果

（1）教育効果
　観光関連学部、学科の設置が増え、理論と実践を交差させる観光教育の実現を目指しつつある一方で、観光関連学部、学科の卒業生の観光関連産業への就職率が低い。それは観光関連学部、学科卒業生の実務能力の低さ

も原因のひとつであろう。そのため、観光系学部および観光関連カリキュラムを設けている大学では、即戦力としての人材育成が課題になっている。

　大学生が地域イベントに参加することにより実務教育の実践が期待でき、即戦力の人材育成につながるといえる。国内外の観光関連施設の見学や観光産業への研修、インターンシップ参加なども同様に観光教育の効果向上が期待できる。近年の地域イベントは、地域活性化や観光客集客のために開催されることが多い。こうしたことから大学生の地域イベントへの参加は、大学生が観光事業に興味を持ち、理解を高めるという教育的効果がある。また、外国人観光客集客など観光振興に大きな役割を果たしているMICE（マイス、Meeting：会議・研修、Incentive tour：報奨・招待旅行、Convention：大会・学会・国際会議、Exhibition：展示会）産業における人材育成が重要な課題となっている中で、大学生のMICE産業へのインターンシップ参加は、MICE産業の人材育成の側面からも期待できる。

（2）日本文化の理解

　筆者の勤務した大学では留学生が入学して間もない時期に、地域イベントの企画から運営までに携わることで日本文化を体験する機会を得ている。参加する留学生は日本に来て間もない時期に出身国の文化の紹介をしたり、食べ物を出店したりすることで、地域住民との交流を図り、日本の祭りという文化理解を深めることもできる。また、出店ではなく地域イベントのスタッフとして参加する学生もいるが、出店よりもより多くの地域住民との交流が可能である。

（3）コミュニケーション能力の向上

　最近の若者のコミュニケーション能力の不足が指摘されている中で、大学生の地域イベント参加は設営から運営、撤収までの期間において、様々なコミュニケーションの場が提供される。特に、海外イベントへの参加では、異文化コミュニケーションの能力の向上という側面での効果が高い。

　海外イベントに参加した学生から「大学に入学して2か月もしないうち

に国外研修へと連れて行かれ、驚き、緊張していたのが正直な感想だ。海外へ行くことは初めての経験で言語も文化も全くわからないまま、そのまま“ぽーん”と放り出されたようだった。本当に大きな衝撃だった」という感想があった。

海外イベントに参加するにあたり、事前に自分たちでアイデアを出し合い、そして地道に企画を作り上げて行く作業を経ての参加であり、学年も人種も違う人たちとこのような企画を作り上げる大変さを入学してすぐに経験できたことは、とても有意義な経験だったであろう。現地での「凧揚げ」「折り紙」を通して日本文化を伝える活動では、多くの現地の人々とふれあい、そして交流し、「言語の壁、国境は無い」と思えるほど楽しい活動ができたと思う。

現地の言葉が話せないということは確かに大きな障害となるが、伝えようと思う気持ちの強さが本物のコミュニケーションを生み出す原動力なのではないだろうか。「異国へ初めて旅をして、１人で買い物をして、迷子になるなど良いことも、悪いことも全てが自分自身の経験となり、糧となっている」との体験談である。

海外のイベント参加により、本物のコミュニケーションのあり方、さらには海外へのイメージを革新し、成長でき、異文化コミュニケーションの大切さや語学など学習への意欲を高められる。

（4）地域活性化

地域の人口減少・少子高齢化が進む中で、従来は地域住民のみで開催されていた地域のイベントも地域住民だけでは開催が困難な状況になっている。そこに、若い大学生が参加することで地域イベントに活気を与え、地域活性化にも寄与している。

大学生が地域イベントに参加するだけでも地域に活気を与える効果が生まれているが、札幌の「札幌YOSAKOIソーラン祭り」や愛知の「にっぽんど真ん中祭り」などのように、大学生自身により創生、運営され、発展しているものはより地域活性化に貢献している。前述した、山口の大学生

が中心になって祭りを開催、維持している「結人祭」は、地域の商店街の低迷が課題になっているなかで、地域の商店街と連携し、地域の活性化に寄与している。

（5）地域交流および国際交流

　筆者の以前の勤務校では、留学生には日本国内の地域イベントに参加させ、日本人学生には海外のイベントに参加させることで国際交流に貢献していた。また、前述した「関門よさこい大会」には韓国からも大学生が自費で毎年参加している。

　参加した韓国からの学生は「新入生の時では１人で先輩達と一緒に参加したが、情熱的に踊る人々と、その踊りに惜しみない拍手を送ってくれる観客の姿を見て日本の祭りの素晴らしさに感動した。勇気を出して日本の祭りに参加して良かったと思っている。今年も様々な困難を乗り越えて参加することができて嬉しい。踊りとホームステイを受け入れてくれた皆さんに感謝し、この縁を今後も大切にしていきたい」と感想を述べている。このような継続した青少年交流は大変有意義である。

（6）若者の旅行促進

　コミュニケーション能力の低さと共に、若者の旅行離れが課題になっている。若者の人口減少に加え、旅行離れが進むなか、地域イベントへの参加が若者の旅行意欲の促進につながっている。関門よさこい大会参加者を対象にアンケートを実施した結果、大学生の多くは年間10回以上地域のよさこいイベントに参加している。もちろん地元でのイベント参加が主であるがよさこいに参加するために遠くまで移動することもある。同様に札幌YOSAKOIソーラン祭りにも全国から大学生が多く参加している。むろんイベント参加は義務的な要素や緊張感も伴っていることから純粋に「楽しむ」という旅行本来の目的とは趣は違っているが、イベント参加は若者の旅行の目的の一つになっている。

4．大学生の地域イベント参加の課題

（1）地域と大学の連携構築

　関門よさこい大会代表の濱崎氏は「大学生の力なくしては成り立たないと言っても過言ではないほど、大学生ボランティアの存在はまつり運営に関して大きなウェートを占めている。地域と大学、まつりと大学との、よりよい関係構築の「仕組みづくり」があると、もっとすばらしいサイクルがまわりはじめる」としている。大学生の地域イベント参加への機会や効果を高めるためには、地域と大学の連携構築が必要であろう。地域は大学生という人材の活用と育成の一助となる意味から、大学は地域貢献の意味から相互協力連携の構築が課題になっている。

（2）学校教育との並行

　前述の濱崎氏は、大学生の地域イベント参加者は人数的に限られており、より多くの大学生が地域イベントにボランティアとして参加してほしいとしたうえで、「より多くの大学生が、地域の活性化に寄与することは、地域にとっても大学にとっても多くのメリットを生み出すと思う。それを実現する具体的な方策としては、例えば、大学側で、地域イベントのボランティア参加など地域活動に対して、単位を付与する等の仕掛けがあると、大学生側のモチベーションにもつながるのではないかと思う」という意見があった。

　大学生は、学校での授業や試験期間と重なることで参加が叶わない場合などがある。筆者も、前年度に参加した地域イベントに翌年度も参加要請を受けたが、イベントの時期が期末試験と重なるという理由で、参加することができなかった。その代わりとして、秋に開催される地域イベントに参加を申し込み、参加することができた。このような事情から、年間を通して複数のイベントを候補にあげておく必要がある。また、「単位の付与や演習や研修などの授業と連携」した参加が有効であろう。

（3）教員の負担の軽減

　大学での教育や研究に多忙な教員は地域イベントへ参加の際、交渉や指導、引率、運営などに時間を費やすことになる。そのため、参加を回避することもある。教員の負担を軽減させるためには、主催者側と学生が直接交渉を行い、学生が率先して参加、運営できるようにしなければならない。

（4）事故防止対策

　最近、地域イベントでの事故により負傷者が出たことから地域イベントにおける安全性が課題になっている。いくらよい趣旨で開催される地域イベントであっても、事故による負傷者が出ると全てが水の泡になってしまう。筆者が携わった祭りでも、軽い怪我で済んだが、学生が怪我をしたことがある。徹底した安全対策の事前教育や保険加入などの備えが必要である。特に、食べ物を扱う出店などでは衛生管理などに留意しなければならない。

（5）継続性

　大学生の在学期間には限りがあり、教員も移動があることから大学と地域の連携事業を継続していくことは容易ではない。筆者の前任校で行われてきた大学生の地域イベントへの参加も筆者が移動することにより中断されたものもある。特に、海外のイベント参加への継続は担当教員の移動により困難となる場合が多い。

　大学生の地域イベント参加を継続するには、人と人の繋がりよりは、大学や学科と主催側との間のシステムとしての繋がりを構築することの方が効果的であろう。大学生の組織である学生部やサークル、同好会、大学祭実行委員会などの組織が主体となって、継続させていくことも必要であろう。また、地域イベント主催者からの要請により継続されることが多いことから、地域とのネットワークの構築と継続が重要である。

おわりに

　大学生の地域イベント参加には、若い人材確保という主催者側の思惑と、地域イベントを体験することで得られる教育効果を目標とする大学側の思惑がある。一方、大学祭実行委員会を中心とした学生組織からは、地域イベントへの出店を通して資金集めを期待することも多い。

　それぞれの立場での思惑があるものの主催者側は大学生の参加による地域活性化という効果を得ることができ、大学生は地域イベント運営の実践を体験することで資金集め以上に地域住民や社会人との交流という貴重な経験を積むことができ、人的ネットワークの確保にも繋がるのである。

　諸事例からみてきたように大学生は、地元の大学生がイベントそのものを創ることをはじめ、出店、踊りチームとしての参加やパレードでの参加、イベントの企画、運営に関わるスタッフやイベント会場の運営を手伝うボランティア活動など多岐に亘って活躍している。

　大学生の地域イベントへの参加は、実務教育の実践や伝統文化の理解、コミュニケーション能力の向上など教育の面でも大きな効果を得ているといえる。加えて、地域活性化と国際交流にも貢献をしている。

　一方、地域連携構築、学校授業との並行、教員の負担の軽減、事故防止、継続性などの課題も挙げられる。これらの課題を解決して積極的に地域イベントに参加できれば、教育効果を高めることができ、とりわけ、観光教育における実践教育の有効な手段になりうる。

　新型コロナウイルス感染拡大により、多くのイベントが開催できなくなったことから、大学生のイベントへの参加もできなくなっている。イベント参加ができなくなったものの対案を模索する必要がある。筆者も関わってきた地域連携の一環として行われてきた太子町マーケットの開催が中止になり、その対案として新商品開発の提案に切り替えた。こうした、中止などによるリスクに対する対案の提示が必要である。

◆まとめ◆

1．近年、大学生が地域イベントに積極的に参加している。
2．大学生の地域イベント参加による教育効果は大きい。
3．連携事業の継続性が課題になっている。
4．地域イベントが中止になった場合の対策が必要である。

参考文献

李良姫（2020）「太子町商工会との地域連携による効果と課題」『観光ホスピタリティ教育学』第14号、pp.77-78。

李良姫・黄晶禧・高秀美・玉越博充（2020）「地域イベント開催の効果と課題−太子町マーケットを事例に」『兵庫大学論集』第25号、pp.33-39。

社団法人日本イベント産業振興協会（2004）『イベントの基礎知識その形態・役割・仕組みと作り方　JACEイベント講座2基礎編』。

若者のアウトバウンド活性化に関する検討会（2018）「若者のアウトバウンド活性化に関する最終とりまとめ〜次代を担う若者への「海外体験」のススメ〜」。

第3章

インターンシップと観光教育

はじめに

　近年、観光教育における実践教育の重要性の高まりや、就職活動に有効であることからインターンシップに参加する大学生が増加している。文部科学省などの「インターンシップの推進に当たっての基本的な考え方」には、「インターンシップは、学生を送り出す大学等、これを体験する学生、学生を受け入れる企業等それぞれにとって、様々な意義を有するものであり、それぞれの側において積極的に対応していくことが望まれる」と示している（文部科学省、2015）。

　このように日本政府も学生のインターンシップ参加の奨励に力を入れており、各大学でも大学生のインターンシップに積極的に取り組んでいる。文部科学省が2016年に実施した『平成27年度大学等におけるインターンシップ実施状況について』によると、「インターンシップを単位認定している大学（学部・大学院）と単位認定はしていないが学生の参加状況を把握・関与している大学（学部・大学院）の合計は、調査対象782校のうち730校で93.4％」に達している。

　本章では、日韓における大学生のインターンシップ実施について関わってきた筆者の指導経験を踏まえたうえで、インターンシップ参加による効果と課題について提示する。特に、韓国における観光系大学のインターンシップの現状と課題を考察することで、今後の日本の観光系大学のインターンシップの参考になることを期待する。

観光関連学部、学科の設置が増え、理論と実務を交差させる観光教育の実践を目指しつつある日本の観光教育の今後のあり方を示唆する一助にもなるだろう。

１．大学生のインターンシップの現状

（1）インターンシップ推進政策

　インターンシップのより一層の推進を図るため、文部科学省・厚生労働省・経済産業省が、インターンシップに関する共通した基本的認識や推進方策を取りまとめた「インターンシップの推進に当たっての基本的な考え方」を作成した。2014年、2015年に一部改正された。基本的な考え方では、大学等におけるインターンシップの定義を「学生が企業等において実習・研修的な就業体験をする制度」とし「学生が在学中に自らの専攻、将来のキャリアに関連した就業体験を行うこと」としている。

　2017年6月2日に閣議決定された「まち・ひと・しごと創生基本方針」において「東京圏の地方出身学生等の地方還流や地元在住学生の地方定着を促進するため、産学官を挙げて地元企業でのインターンシップの全国展開に取り組む」としている。地方創生インターンシップ事業の推進のために、「地方創生インターンシップ推進会議」を設置し、「国民的、社会的気運を醸成し、所要の施策を推進していく」ことにしている。大学・経済界・地方等の関係者、各分野の代表者や有識者により構成されている。

　内閣府の地域社会雇用創造事業の一環として推進する「地域密着型インターンシップ研修」は、2010年に実施された事業である。「葉っぱビジネス」で知られている徳島県上勝町の"株式会社いろどり"などを対象に実施した。

（2）インターンシップ実施状況

　株式会社リクルートキャリアの調査結果によると、新卒採用を実施している企業のうち、2019年度にインターンシップを実施（予定含む）した

企業は95.0％で、2018年度より5.6％増加したという。殆んどの企業がインターンシップを実施していることになる（株式会社リクルートキャリア、2020）。一方、学生の参加率は2015年卒から上昇を続け、2020年卒では62.2％と19年卒（55.9％）から6.3％増加したという。その中で大学生の参加率は65.0％となっている。

　大学生のインターンシップのなかで議論されているのが、参加年次である。大学生のインターンシップ参加者のほとんどが３年生であることに対し、２年生からの参加が望ましいという意見もある。筆者の勤務校では、３年生からインターンシップに参加していたが、早い段階からの参加が効果的であることで教員の意見が一致し、2020年度からは２年生からの参加となった。

　また、単位認定の正規の授業での取り組みではなかったが１年生に地域の観光協会でのインターンシップ体験の機会を与えたこともあり、筆者も早い段階から現場体験をすることに賛成である。

写真7　地元の観光協会でのインターンシップ
出所：筆者撮影（2016年８月26日）

（3）インターンシップの実施目的と参加目的

　株式会社リクルートキャリアの調査結果によると、インターンシップを実施（予定含む）した企業の実施目的で最も多かったのは「仕事を通じて、学生に自社を含め、業界・仕事の理解を促進させる」で87.6％あった。次に、「入社意欲の高い学生を絞り込む」（51.5％）、「採用を意識し学生のスキルを見極める」（43.5％）、「学生に就業体験の機会を提供することで、社会貢献する」（40.9％）であった。

　筆者が現在勤務する大学の学生を対象に実施したアンケート調査では、インターンシップに参加した目的で最も多かったのが、「職業に関する情報収集のため」で、次いで「企業とのパイプ作りのため」であった。その他の意見で、「企業の実情を知るため」、「適正や適職を考えるきっかけとするため」、「就職に対する疑問や不安を取り除くため」、「企業文化、組織の雰囲気など職場経験のため」や「事務能力を高めるため」などがあった。

2．韓国における観光教育とインターンシップ

（1）インバウンド政策と観光教育

　韓国では早い段階から観光を国家政策として取り組み、とりわけ外貨獲得のための外国人観光客誘致に積極的に力を入れてきた。こうしたことから、観光関連分野における人材育成を目的とした大学観光関連学部、学科が数多く設置されるようになった。1964年にソウル近郊に所在する京畿大学において4年制大学として初めて観光関連学科が設置された。2012年には観光関連教育機関は、4年制大学が41校、短期大学3年制が16校、2年制が48校となっている。

　こうした韓国の観光関連教育機関では、新入社員に即戦力としての業務を求める観光関連産業のニーズに応えるため、就学中に企業での現場体験を卒業要件としている学校が多い。国としてもインターンシップを積極的に支援している。しかし、インターンシップに関連するガイドラインがなく、大学によって差が大きいことから2013年に日本の文部科学省に当たる

教育部がインターンシップマニュアルを作成し普及に努めている。作成および普及目的は「インターンシップを体系的および効率的に運営するためのガイドラインを提供し、政府支援評価、大学情報公示統計などに広く活用されているインターンシップ項目に対する明確な理解と客観的な実績としての認識を拡散させるため」であるとしている（韓国教育部、2013）。

　またインターンシップを「現場の適応能力と想像力を持つ人材育成のために大学と企業（機関）が共同で参加し、一定期間、国内外の産業現場で実習教育を実施し、これらを通して単位を与える制度」と定義している。

　インターンシップに参加した学生の満足度をアップさせ就職につなげるためには、担当教員による積極的な進路に関する相談対応および職務教育が必要である。また、インターンシップ参加への選択権を学生に与えるべきである。一方、企業はインターンシップが学校教育課程の一環として行われていることを認識しなければならない。

（2）観光関連学科におけるインターンシップの現状

　筆者が勤務したことがある韓国の観光系大学には、ホテル観光学部の中に定員60人の「ホテル経営学科」、定員40人の「外食経営学科」、「航空観光学科」、定員35人の「観光コンベンション学科」、定員45人の「韓国食品調理学科」、「西洋調理学科」、「東洋調理学科」があった。「ホテル観光学部のすべての学生は卒業要件としてインターンシップの適用を受ける」とされており、「卒業要件を満たすためのインターンシップ時間は800時間以上にする」となっていた。

　800時間を満たすためには、1日8時間の実習で計算すると、1か月に20日勤務で5か月間のインターンシップが必要になる。しかし、この規定には例外が適用される。それは、学校が推薦する企業のインターンシップに参加すると、1日8時間で1か月に20日勤務することで400時間が認められるという規定がある。通常の半分の期間のインターンシップで卒業要件を満たすことになる。そのため、ほとんどの学生は、学校が推薦する企業に参加する。

学校が推薦する以外の企業に参加する場合は、学生本人がインターンシップ先を探し、参加する。また、企業が担当教員に学生のインターンシップの派遣を依頼し、その企業に派遣することもある。逆に、教員が学生の受け入れを依頼する場合もある。筆者も、旅行会社からの依頼を受け、学生を派遣したり、旅行会社にインターンシップの受け入れを依頼したりした。

　インターンシップの手続きは、学校推薦、学生本人がみつけた企業、教員の紹介の各場合も同様である。まず学科の事務室で「インターンシップ確認書」を受け取り、インターンシップ参加終了後、確認書を作成し、所属学科長の確認を得て学科に提出する。所属学科長は、受け入れ先企業の評価および学生の専攻と関わる企業であることを把握したうえで、インターンシップとして認める。

　インターンシップの認定を求める学生の中には専攻とは関係のない一般のアルバイト的なことをし、企業から受け取った評価をもとにインターンシップ確認書を提出する場合がある。その場合は学科長の判断でインターンシップとして認めないこともあるが専攻と関連があれば、アルバイトであってもインターンシップとして認められるということになる。学科推薦のインターンシップ志願者に対する指導は所属学科で行う。所属学科では、インターンシップに参加した学生の「インターンシップ確認書」を確認し、その結果を「インターンシップ記録簿」に記録し、管理する。

　夏休みおよび冬休みにおけるインターンシップは3〜6単位が取得でき、学期中のインターンシップでは9〜18単位が取得できる。18単位を取るためには4か月間が必要となる。夏休みと冬休みの各1か月（3単位）を2回参加すると6単位になる。また、夏休みと冬休みおよび学期中の両方の参加が可能であるため、22単位まで認められる。

　教員は、1か月に一度、インターンシップに参加している企業を訪問して現場指導を行う。その際には、まず企業の人事担当者と面談を行う。そうすることで採用に関する情報も共有できる効果がある。また、現場指導を通して必要な情報を交換し、現場の需要を教育内容に反映し、教育課程

の改編を行うことが可能である。

　企業と学校がインターンシップ制度を通じ直接的な相互交流をすることで、インターンシップ参加後、社員として採用される場合も多い。双方のwin-win関係になる。また、最近の観光産業の変化や動向、企業の人材需要の把握などを予測することができ就職指導にもプラスになる。学生の立場からは希望企業、業務が自分の適性に合うのか体験でき、模索できる。

　希望している企業であっても、実際の現場経験を得ることで、その業務が自分の適性に合うかどうかを事前検討することができる。インターンシップ参加後、就職した場合は、その仕事が自分の適性にも合い、企業側も学生のことを気に入り、短時間の面接ではなく、長期間に亘る観察により採用することになるので、必要な人材の確保という意味では大変有意義であろう。日本では観光関連産業の離職率は大変高いとされているが、こうした採用方法を用いることで離職率も減少するのではないだろうか。

　観光関連就職先としては、ホテルが最も多く、レストランなど外食産業、旅行会社、航空業、国内外の免税店、日本の新幹線に当たる高速鉄道KTXの乗務員、医療観光のコーディネーター、社内サービス向上講師など多様な分野がある。

　また、海外就職も視野に入れた海外インターンシップにも積極的に取り組んでいる。とりわけ、日本へのインターンシップを積極的に行っている。海外インターンシップが就職に結びついて成功したケースとして、スイスの免税店で4か月間のインターンシップ参加後、仕事ぶりが認められ、正社員として採用されたことを学校側は学生募集の際のPRとして積極的に利用している。インターンシップ参加後、会社側からその学生の入社を依頼してくるケースも多くある。

　韓国の観光学部・学科の学生が憧れる業種のひとつが客室乗務員である。そのなかでも大韓航空の客室乗務員は最も憧れの対象であるが、大韓航空のインターンシップには航空関連学科の大学生のみが志願できる。さらにインターンシップに参加すると、そのまま正社員として採用される可能性も高いことからインターンシップ参加への希望が多い。

（3）アンケート調査から見るインターンシップの現状

①回答者属性

　韓国の観光系大学におけるインターンシップの現状と課題について把握するためにアンケート調査を実施した。アンケートは、ホテル観光学部学生でインターンシップに参加した学生および現在参加している学生69名を対象に、2014年1月2日から25日の間に行った。アンケート用紙を配布し、その場で記載をしてもらい回収した。

表1　回答者属性

単位：%

区分	項目	人数	%	区分	項目	人数	%
性別	男子	24	35	学科	西洋調理学科	23	33
	女子	45	65		外食経営学科	14	20
合計		69	100		ホテル経営学科	14	20
学年	2年生	14	20		航空観光学科	9	13
	3年生	33	48		観光コンベンション学科	6	9
	4年生	22	32		その他	3	5

　内訳は、男子学生は24名、女子学生は45名であった。学科別には、「西洋調理学科」23名、「外食経営学科」14名、「ホテル経営学科」14名、「航空観光学科」9名、「観光コンベンション学科」6名、「その他」3名である。その他には、「韓国食品調理学科」、「東洋調理学科」が含まれている。学年別には「2年生」が14名、「3年生」33名、「4年生」22名となっている。

②参加業種・担当業務および参加動機

　参加企業は、レストランなど「外食産業」が23名で最も多く、「ホテル」が20名、調査対象大学は、学内に「ベーカリーを運営する学校企業」があり9名が参加していた。また、「展示業務やイベント会社」に6名、「旅行会社」が3名、「航空業」が2名、「テーマパーク」が1名、「公共機関」が1名、「食品工場」が1名、「ベーカリー」が1名、その他2名であった。

　所属学科と参加業種、就職希望が概ね一致している。学生は自分が専攻

している業種のインターンシップに参加し、就職もインターンシップ参加業種を希望するという一貫性を持っていることが多い。大学で学んだことを企業で実務体験でき、就職に結びつけるという、このような図式が最も理想的である。

　担当業務に関する質問では「担当した全ての業務を記入」とし、自由に書いた答えをまとめた結果、「接客」が32名、「キッチン補助」が10名、「製菓・製パン」が7名、「調理」が6名、「航空関連業務」が4名、「コーヒーづくり」が3名、「テレマーケティング」が3名、「メニュー開発」が3名、「展示会関連業務」が3名、「文書作成」が3名、「事務」が2名、「チケット販売」が1名、「ハウスキーピング」が1名、「ホテルの野外プール」が1名であった。

　担当業務については、ホテルではホテル内にある宴会場やレストランでの接客業務が最も多く、ホテル以外のレストランなど外食産業では接客業務がほとんどである。担当業務の質はあまり高くない印象はあるが、普段のアルバイトではできないホテルやレストランなどの業務が経験できることの意義は大きいだろう。

　参加企業の選択理由としては、複数回答可で、「現場の実務経験をしてみたかったから」が49名の59％で最も多く、「卒業認証制度によるインターンシップの単位が必要だから」が13名の16％、「サービスマインドの向上」が10名の12％、「学校の推薦」が6名の7％、「就職に有利」が4名の5％で、「有名な企業だから」が1名で、「その他」が3名であった。

③出身地域・参加地域および就職希望地域

　出身地域は、ほとんどの学生が「釜山および釜山近郊」である。参加地域は、ホテルなど観光関連産業が都会である釜山に集中していることから参加地域も釜山が多くを占めている。

　興味深いことは就職希望地域が釜山かソウルを希望する学生が多くなっていることである。日本人が東京に憧れる以上に韓国人は首都のソウルに憧れる。現実的には、インターンシップおよび就職をソウルで行うことは難しいことであるとしてもソウルを希望する学生が多い。

この調査ではソウルでのインターンシップの参加はなかったが、稀にソウルでインターンシップを行う場合もある。その場合は、就職もソウルになることが多い。ソウルでのインターンシップを増やすことで就職希望地域とつなげることができるだろう。

表2　出身地域・参加地域

単位：%

出身地域	人数	%	参加地域	人数	%
釜山	33	48	釜山	61	88
慶尚南道／蔚山	32	46	慶尚南道／蔚山	8	12
慶尚北道／大邱	2	3	慶尚北道／大邱	0	0
ソウル／京畿道	2	3	ソウル／京畿道	0	0

④参加時期・参加学年・受け取った実習費

　参加時期は「冬休み」が28名、「夏休み」が21名、「冬休みと夏休み」の両方に参加した学生が3名、「1学期期間中」が2名、「2学期期間中」が7名であった。また、「1学期期間中と2学期期間中」の両方に参加した学生は2名いた。「冬休み」と「1学期期間中」が1名、「冬休みと2学期期間中」が1名、「夏休み・冬休み・1学期期間中」の3回参加した学生も1名、その他3名いた。

　参加学年は、2年生および3年生の時がそれぞれ29名で、4年生が8名であった。2年生および3年生の両方に参加した学生は3名であった。日本の学生の場合は、3年生から就職活動する場合が多いので、この時期にインターンシップに参加することをためらう学生も多いが、韓国では3年生の時が最も多い。

　また、インターンシップに参加して受け取った実習費について「実習費が低い」という不満の意見も自由回答には出されていた。

3. インターンシップの効果

（1）企業・社会経験の効果

　前述の韓国における観光系の大学の学生を対象にした調査では、「インターンシップに参加し感じたことや大学での教育課程とは異なる点」について以下の回答があった。「大学の授業は理論的なことが多いため現場の実務に関する情報が少なかったが、インターンシップでは現場で実務の経験ができて良かった」や「大学での授業は理論が殆どだが、インターンシップを経験して体で学ぶため、就職してから応用できる部分が多いと思う」、「理論では分からなかったことが体で体験することでよりはっきり理解できた」などの意見が多かった。

　また、「サービスマインドが向上できた」、「新しいことを学ぶことが多かった」、「企業経験ができ、管理者としての心得が分かった」などの答えから、就職前の企業経験を通じ、社会経験ができ、また職務の理解力の向上に併せて、将来の希望職種をはっきりさせるのに役立っていることが分かった。

（2）観光実務教育の効果

　さらに、「インターンシップが観光関連実務教育に効果があったか」の質問には、「普通」25名、「その通り」33名、「全くその通り」11名であった。また、「インターンシップが観光関連理論教育に効果があったか」には「普通」34名、「その通り」26名、「全くその通り」1名、「そうではない」7名、「全くそうではない」が1名であった。インターンシップ参加が観光関連実務教育のみならず、理論教育の両面において効果があったことがいえる。

　「インターンシップが観光関連すべての教科教育に効果があったか」には、「普通」33名、「その通り」26名、「全くその通り」3名、「そうではない」6名、「全くそうではない」1名の回答があった。最後に、「インターンシップ制度は必要だと思うか」では、「普通」12名、「その通り」32名、「全

くその通り」21名、「そうではない」3名、「全くそうではない」1名となっている。

　この結果から、インターンシップが実務教育に大きな役割を果たしていることがうかがえる。また、インターンシップ制度についても必要と認識している学生が多いことがわかる。

（3）理論と実務の交差

　自由回答の中には「実務と理論の差は大きい」、「理論の授業で学べないことを学んだ」、「授業では理論教育のため実務能力が不足」、「学校とは異なる勉強ができた」、「理論は抽象的」という答えが多くあった。

　インターンシップに参加した学生は、教室での理論の授業はつまらないと感じ、筆者もどのようにすれば彼らに興味をもたらすことができるだろうかと悩んだものである。そのため、理論の授業でもグループで観光産業に関連する調査をし、発表させたり、授業のなかでも旅行商品の企画をさせたり、イベントの企画をさせたり、常に興味を持たせるために工夫をしていた経験がある。

　彼らには、何のために理論を勉強するのか、現実の方が理論より常に先行している、そうしたなかで、現場で自分がやってきたこと、経験したことの意味、行動を整理できることだと、理論を勉強することへの意義を説いた。大学で勉強した理論が実務ではどうなっているのか興味を持ち、それがまた理論を深める契機になるように指導しなければならないだろう。

４．インターンシップの課題

（1）　希望職種への参加

　学生自身が進路と考えている業種や職種をインターンシップ先の候補とする場合、希望する企業・団体等がなければ、インターンシップの効果が薄れる。あるいは、インターンシップに参加しないという選択も考えられる。そのためには、教員は受け入れ先を確保する段階で、参加を希望する

学生の目的や期待を把握しておく必要がある。

（2）受け入れ先の確保

　希望職種への参加に関しての課題でもあるように、参加学生の希望を考慮した受け入れ先確保が必要である。学生にとって興味や魅力のある業界・企業等を確保し、インターンシップの効果を最大限に発揮させることが重要である。

　しかし、大学の周辺地域には中小企業が多く、人的・時間的要因からインターンシップの受け入れ体制が取れないという場合もある。地元商工会議所・商工会や、大学の就職支援部門と連携した受け入れ先の開拓と確保が課題である。また、中小企業と大学が共同でインターンシッププログラムを開発することは有効な対策の1つと考えられる。

　2020年は、特に、新型コロナウイルス感染拡大により、予定していた受け入れ先企業のキャンセルが多く発生して、新たな受け入れ先の確保に大変苦労した。こうしたリスクが生じることを予想した対策が必要である。

写真8　コロナ禍のなかでのインターンシップ風景
出所：筆者撮影（2020年8月11日）

（3）受け入れ地域の拡大

　学生の自宅から通える地域を希望する傾向が強いことから、大学周辺地域から学生の居住地域周辺に受け入れ先を拡大する必要がある。兵庫県経営者協会のインターンシップでは兵庫県全般をカバーしており、協力関係を強化することにより、受け入れ地域の拡大が図れる。

（4）事前・事後教育

　ビジネスマナーや企業・団体の研究調査を主とした事前教育を行っているが、さらに強化するためには、インターンシップ先企業との目的のすり合わせを行い、学生が事前に目標設定できる仕組みが有効である。

　事後教育では、報告会での報告と質疑応答の他に、ワークショップを取り入れ学生同士が課題を共有することも必要である。また、企業等による評価結果の学生へのフィードバックも、インターンシップが一方通行にならないための方策と考える。

（5）就職との結び付け

　学生の就職希望先とインターンシップ先が一致する場合、インターンシップを有効に使えば、その後の就職活動に良い影響を与える。採用上の優遇措置の賛否両論はあるだろうが、学生が就職先として意識することは、インターンシップそのものの質向上にもつながる。

（6）質の向上

　参加学生がインターンシップの内容について不満を示すことがある。参加学生の希望に沿った、普段のアルバイトでは経験できない内容を提供することが大事である。

おわりに

　観光関連学部・学科が増加している中で、卒業生の観光関連産業への就

職率が低いこと、とりわけ4年制大学の就職率の低さについて深刻に考えなければならない。観光関連教育が観光関連産業のニーズにあっていないのではないだろうか。そのニーズに応えるためにはどうしたら良いかについて、真剣に考える時期である。

観光関連大学のみならず、インターンシップに参加することで得られる効果として、社会に出る前の社会経験や実務能力の向上、学校教育への動機付け、就職活動への活用をあげることができる。しかし、希望する職種への参加やそのための受け入れ先の確保、大学周辺や居住地域が好まれる現状から受け入れ地域の拡大は課題になっている。さらに、参加前の教育や就職との結び付け、インターンシップにおける質の向上、就職後の社会での活用方法の模索が必要になっている。

新型コロナウイルス感染拡大により、2020年は、予定されていたインターンシップの受け入れが不可になった企業や公共機関が多かった。そのため、受け入れ先の再手配に大変苦労した大学が多かったと思われる。そのなかでも、観光業関係の受け入れ先からのキャンセルが多かったのではないだろうか。

筆者の勤務先でも、観光業をはじめ、いくつかの企業から受け入れ不可の連絡があった。そのため、すでに受け入れが決まっていた企業にお願いして、参加学生の人数を増やしていただいた。こうしたリスクが生じた場合の対処についても考えておく必要がある。

◆まとめ◆
1. インターンシップを受け入れる企業が増加している。
2. 低学年からのインターンシップ参加がすすめられている。
3. 実務経験や社会人としての自覚など教育効果がある。
4. 受け入れ先の確保などの課題がある。

参考文献
李良姫（2014）「観光教育におけるインターンシップの役割－韓国の観光系大学生の調

　査を通じて－」『日本観光ホスピタリティ教育学会全国大会研究発表論文集』No.13、pp.3-12。

榎木浩・土方直子・李良姫「大学生のインターンシップ参加による効果と課題」（2018）『兵庫大学論集』第23号、pp.25-33。

株式会社リクルートキャリア（2020）『就職白書2020－インターンシップ編－』。

文部科学省・厚生労働省・経済産業省（2015）『インターンシップ推進に当たっての基本的な考え方』。

文部科学省（2017）『平成27年度大学等におけるインターンシップ実施状況について』。

参考Webサイト

文部科学省・厚生労働省・経済産業省「大学等におけるインターンシップ推進に当たっての基本的な考え方」〈http://www.mext.go.jp/component/a_menu/education/detail/__icsFiles/afieldfile/2015/12/15/1365292_01.pdf〉（2018年9月26日閲覧）。

リクルートキャリアホームページ「2022年卒インターンシップ・就職活動準備の現状に関する調査」〈https://www.recruitcareer.co.jp/news/pressrelease/2020/200930-02/〉（2020年10月1日閲覧）。

第4章

地域資源の観光資源化

はじめに

　「皆さんの住んでいる地域にはどのような資源がありますか」と筆者が授業で学生にこのような質問をすると、殆どの学生は「私の地域には資源は何もありません」と答える。何もないことはない。地域の人が気づかない、何でもないと思うようなものの中にすばらしい地域資源がある。眠っている地域の資源を探す「地域の宝探し」と言っていいだろう。

　地域の資源というと、多くの人は、自然、歴史的な建造物、祭りなどの伝統文化を想像するだろう。それらは地域の魅力的な資源である。しかし、それらの他にも、人や歴史、産業などを地域資源であると考えることができる。

　本章では、観光資源とはなにかについて述べ、主な観光資源を紹介する。また祭りの観光資源化過程について、韓国の事例をあげて説明する。最後に、祭りが地域の観光資源として定着するための成功要因について提示する。

1．観光資源とはなにか

（1）人・交流・人材

　人は、重要な地域資源である。人との出会い、交流、体験に関連する人材は重要な観光資源であるといえる。毎年5月に下関市赤間神宮で開催さ

れている「正装参拝」は、平家が壇ノ浦合戦で敗れた時、入水した安徳天皇を偲んで開催される行事である。

　この正装参拝には、毎年、下関在住留学生が日本の着物を着て行列に参加している。はじめて着物を着る留学生は、母国の衣装とは異なる着物を着ることで、日本文化が体験でき大変貴重な時間であったと話していた。これは、人と人の出会いであり、交流であり、体験であり、大事な観光資源である。

　着物を着る人が少なくなり、さらに、他人に着物を着付けることができる人が少なくなっているなかで、2010年から「着付け」が技能検定試験の対象職種となった。一般社団法人全日本着付け技能センターが着付け技能検定に関する指定試験機関として、厚生労働大臣から指定を受けることになる。着物着付け体験が、訪日外国人の人気を集めており、着付けができる人がいることも地域資源であり、観光資源である。

写真9　安徳帝正装参拝に参加するための着付け風景

出所：筆者撮影（2011年5月2日）

（２）歴史文化

　歴史文化に関連する観光資源としては、伝統文化、行催事、イベント、生活文化、史跡、寺社などがある。毎年5月20日前後に下関市住吉神社で

開催されている「御田植祭」は、『日本書紀』神功皇后摂政前紀によれば、三韓征伐の際、新羅に向かう神功皇后に住吉三神（住吉大神）が神託してその渡海を守護し、帰途、大神が「我が荒魂を穴門（長門）の山田邑に祀れ」と再び神託し、穴門直践立を神主の長として、その場所に祠を建てたのを起源とする。今から約千数百年前に神功皇后が住吉の大神を祀った際に、毎日のお供えの米のためにたんぼに苗を植えることを神主の穴門直践立に命じたことから、お田植えの神事が始まったとのいわれがある。総勢50人の地元の中学生が祭りに参加している。

　こうした歴史文化は、大切な地域資源であり、継承していくことが何よりも大事であるなかで、将来、地域の歴史文化を担っていく地域の中学生が祭りに参加することに意義がある。

　韓国・釜山の「三光寺提灯祭り」はお釈迦様の誕生日である旧暦4月8日の前に、願い事を書いた提灯や灯篭をかざり、点燈する。アメリカCNNの「行ってみたい100選」に選ばれたほどの美しい景色が見られる。もちろん三光寺そのものも仏教の天台宗の有名な寺院で旧暦4月8日だけではなく、年中参拝者や観光客で賑やかである。特に、この時期は仏教信徒ではない人も多く訪れている。宗教行事でもあり、地域の歴史文化資源でもある。

写真10　韓国釜山の三光寺提灯祭り

出所：筆者撮影（2013年5月12日）

（3）産業

　既存産業や技術、生産物、企業、特産物なども観光資源になる。最近は産業観光が注目を集めている。産業観光とは、歴史的文化的価値のある産業文化財や生産現場および産業製品を通じて、ものづくりの心に触れると共に人的交流を促進する観光活動のことをいう。

　北海道ではチョコレートやビール工場の見学が人気があり、産業観光ルートになっていて、多くの人が一度は経験したことがあるだろう。また、ハワイではパイナップル工場見学などが私達の身近な産業観光といえる。

（4）自然

　見るだけの観光から体験する観光を好む傾向に観光の潮流が変化しても、自然・環境に対する観光魅力は変わりない。韓国釜山の太宗台という有名な観光地は、山と海、絶壁に囲まれたすばらしい自然があり、国内外から年間を通して多くの観光客が訪れている。また、同じく釜山の海雲台は、約２kmの砂浜が続く海水浴場で、季節に関係なく多くの観光客が訪れているが、特に夏になると１日100万人が訪れることもある。

写真11　釜山海雲台海水浴場

出所：筆者撮影（2013年５月12日）

ハワイはいうまでもなく、海、山、滝など美しい自然を売りものにしている人気の観光地で、ウミガメに間近で会える観光が人気を集めている。ハワイ島は、キラウエア火山が活動していて、マスコミではよく火山の噴火活動のニュースが報じられる。この火山活動をみるために、多くの観光客が訪れる。自然災害も観光資源になっているといえる。

写真12　ハワイ島キラウエア火山
出所：筆者撮影（2008年4月28日）

（5）すべての地域資源が観光資源

　すべての地域資源は観光資源になり得る。民俗学者であり、日本における観光文化学の創始者でもある宮本常一は、「観光資源というものはいたるところに眠っている。それを観光対象にするやりかたに問題がある」（宮本、1975、p.28）といっている。それでは、観光資源とはなにか。それはあらゆるものが観光資源であるといえる。

　もちろん文化的、歴史的、産業的価値があるものが地域資源であり、観光資源であるが、その他のものでも作り方や売り方によっては、すばらしい観光資源に変わるものが多くある。宮本常一がいう、眠っている地域資源、つまり観光資源を発掘し、磨き、商品にするということが大事であろう。

2．地域資源の観光資源化過程

（1）地域資源の観光資源化過程

　宮本がいうようにあらゆるものが観光資源となりうる。地域資源の観光資源化過程は、眠っている地域資源を発掘する、つまり地域の宝を探し出し、新たに観光資源として創りあげること、その創りあげた価値を認識、共有し、地域外に発信し、定着させることがそのプロセスである。

　地域資源の観光資源化を図で示すと以下のようになる。

```
┌─────────────────────────────────────┐
│  地域資源の発掘（宝さがし）⇒観光商品に磨く  │
│              ⇓                      │
│      地域内で価値を認識（共有）           │
│              ⇓                      │
│         発信（地域外）                 │
│              ⇓                      │
│       観光資源として定着               │
└─────────────────────────────────────┘
```

図２　地域資源の観光資源化過程

出所：筆者作成

（2）祭りの観光資源化過程

　筆者は、日韓で活発化する祭りの再生・創出の背景と過程について観光人類学のアプローチを用いて研究を行ってきた。ここで韓国の祭りの実態について概観し、祭りの創出過程と観光資源化の過程について事例をあげて紹介する。

　韓国で開催されている祭りの多くは近年になって新たに創られたものが大半を占め、反面、各地域独特の長年保存・継承されてきた祭りは僅かしかない。祭りのテーマには地域に縁のある人物、特産物、自然、歴史的な事件、競演大会などを採用することが多く、地域外部からの観光客を誘致

するための観光資源づくりの側面が強く見られる。

　韓国ではこうした祭りが年間1,000件以上開催されている。これらの祭りは、文化体育観光部が選定する「予備祭り」、「優秀祭り」、「最優秀祭り」に区分され、予備祭りに選ばれると内容や規模によって日本円で約330万円の補助金が支給され、また、優秀祭りには1,000万円前後、最優秀祭りに選定されると約2,300万円前後の補助金が受けられる。そのため、地域で開催される祭りは、最優秀祭りに選定され政府から補助金を得ることを目標にそれぞれが全力を注いでいる。

　地域の活性化のために、自然をテーマにした「蝶々祭り」の開催を決めた韓国咸平郡^{ハムピョングン}という地域での祭りの観光資源化に成功した事例を紹介する。咸平郡は、2016年現在、人口 34,397人の地域である。当時の首長は、職員と地域住民の説得に力を入れ、祭りの開催の理解を得ることに尽力した。まず、環境保全型農業および生態環境保全地域を目指し、約6km四方からなる10万坪に菜の花を植えた。しかし、菜の花のみでは、特徴がないため「蝶々祭り」を発案する。

　蝶は、どの地域にでもいる極めて一般的な昆虫であり、これで話題を集めることは容易ではなかったが、それでも首長は、食の安全性や環境問題に関心が高まってきた韓国社会において、「環境にやさしい」、「親しみやすい」イメージを地域のブランドにしようと敢えて試みた。特に、蝶はそ

写真13　第16回　咸平蝶祭り

出所：筆者撮影（2012年4月29日）

の姿が可憐で綺麗なところから自然の象徴でもあり、「環境にやさしい」と「農業」とを結びつけるシンボルともなり、蝶々祭りの開催は、郡の環境イメージを高めることに繋がった。

　祭りの開催を成功させた後、徐々に予備祭り、優秀祭り、最優秀祭りの認定を申請し、選定され、国の支援も受けられるようになった。同時に、祭りの開催により高まった知名度を活かし、地域の特産物の商品開発などを行い、地域のブランドとして定着させ販売促進に繋げた。以上のような過程を経て、祭りを地域の観光資源として定着させることに成功した。

　韓国の祭りの観光資源化を踏まえたうえで、祭りの観光資源化を図で示すと以下のようになる。

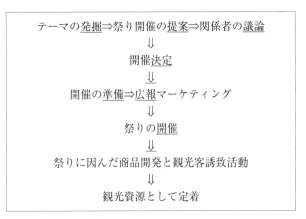

図3　祭りの観光資源化過程

出所：筆者作成

3．祭りの観光資源化の成功要因

（1）テーマの多様化

　蝶々祭りの地域観光資源化定着の過程の事例を踏まえたうえで、韓国で祭りが成功した要因について考えてみたい。それには、祭りのテーマの多

様化をあげることができる。自然や特産物をテーマにした祭りは、宗教性を持つ伝統や歴史に基づいた祭りよりも参加しやすいし、また、子供連れの家族を対象にした多様な体験プログラムも集客の成功要因になっている。

（2）広報戦略

　集客のための広報戦略も充実していて、新聞やテレビなどマスコミを通じて広報活動を活発に行った。また、興味を引くような体験プログラムや有名歌手の公演などをプログラムとして使い、近隣地域の祭りと連携して合同で広報を行うといった作戦も効果があった。

　さらに、行政単位で統合した総合的な観光案内パンフレットを作成し、季節ごとに楽しめる観光名所や食べ物とともに祭りの紹介をし、高速道路のサービスエリアや料金所で車両にパンフレットを配布、立て看板やのぼりなどで祭りがあることを常に知らせる活動を展開した。

　マスコミを最大限に活用し積極的な広報活動を行い、旅行会社、学校などに参加を促し、祭りのパンフレットの配布を全国規模で行った。

　一例をあげると、蝶々祭りでは、大統領官邸で蝶飛ばしのイベントをするなど中央政府へのアピールや「ワールドカップ成功祈願蝶飛ばし」など各種行事との協賛を呼び掛けたりもした。このように、様々な方法で常に話題を提供するなど、祭りの広報に積極的に取り組んだ結果、祭りの観光資源化の成功につながった。

（3）強いリーダーシップの存在

　祭りの成功要因の背景には、強いリーダーシップを持った仕掛人がいる。行政主導で開催される祭りであれ、地域住民が自主的に開催する祭りであれ、祭りに対する強い想いや愛着があるキーパーソンの存在が祭りの成功要因のひとつである。

　例えば、第2章で取り上げた、関門よさこい祭りの創生者である濱崎氏の存在が祭りの成功に繋がった。また、本章で紹介した韓国の蝶々祭りも

開催する地域の首長の強いリーダーシップによって成功した。

　祭りに限らず強いリーダーシップを持った人物の存在が今の時代は必要とされている。

４．地域資源の観光化の課題

（１）祭りの独自性

　地域資源の観光化の課題を韓国における祭りの観光資源化から見てみよう。まず、祭りのテーマを地域独自の固有性があるものにすることがあげられる。韓国で新しく祭りを創る際には、他地域で成功した祭りを調査し、模倣する傾向があり、その結果として類似した祭りが多く創出されるという現象が生じる。

　つまり、ある祭りで人気を集めたプログラムがあると、他の祭りでも同じようなプログラムが実施され、その結果、地域の伝統や歴史といった特徴が前面に出ない、どこでも同じような祭りが開催されるようになった。

　やはりその地域の文化や歴史と関連した地域独自の祭りであるからこそ地域住民に愛され、地域外からの参加者にも祭りの魅力を発信できるのではないだろうか。

（２）伝統文化の維持

　韓国においては祭りの開催主体は殆どが官主導であり、地域住民が主体となって開催する祭りはあまり多くない。祭りの内容面においても伝統文化に基づいた精神的な面よりは、地域の経済を活性化させ、地域の知名度を高めることのみを追求する祭りになる傾向が見られ、経済的な利益ばかりを求める祭りの商業化が蔓延しているといえる。

（３）祭り開催による地域住民の連帯意識の向上

　1990年代から地域の観光資源として、地域活性化や観光活性化のための祭りが新しく創られ、開催されるようになった。祭りの内容も信仰・宗教

的な祭りから、神の存在の有無がテーマとならない自然や特産物などを素材とした祭りへと変容し、地域活性化や観光活性化に貢献するものとなっている。

　本来の祭りの機能のひとつは、地域住民の連帯感や共同体意識を高めることにある。そのため、開催主体も住民であり、祭りの規模や内容も地域によって異なるのは当然である。祭りを観客数や内容によって評価し、「優秀祭り」、「最優秀祭り」とランク付けすることに無理がある。

（4）担い手の確保

　日本でも人口減少や後継者不足による祭りの担い手の確保が課題になっている。韓国の祭りは、外部から招いた公演中心のイベント化された祭りが多く、地域住民主導の住民参加型の祭りは大変少ない。それは、祭りの担い手である人材の不足が原因のひとつであると考える。また、祭りの開催により観光客が増え、観光収入が増え、観光資源化に成功しても、祭り開催地域の人口減少には歯止めがかからない。

　祭りにおける担い手の確保のためには、第2章で述べたように大学生を積極的に受け入れることや観光客など外部の人材を入れることが課題解決策のひとつである。

おわりに

　近年日本では長年継承されてきた伝統的な祭りを復興、発展させる活動が活発化している。同時に、新しい祭りが創出され、地域観光資源として活用する取り組みも積極的に行われている。同様の活動が韓国においてもみられ、伝統文化の再評価と地域観光資源開発が結び付いた共通の現象が、両国で同時多発的に進行しているかのようにみえる。

　しかし、近・現代にかけての歴史的過程を異にする日韓両国での事象を、同じ文脈で捉えることはできない。また、両国共に、新たに復興、創出された祭りにも、地域観光資源化に成功し定着する事例と、一過性のものに

終わる事例とがあり、成否をわける要因の解明も求められている。

　本章では、地域資源の観光資源化過程がテーマであるが、文化に限らず、新たに創られた祭りの観光資源化過程にも視野を広げて説明を行った。あらゆるものが観光資源になり得ることと、韓国での祭りを積極的に観光資源化することに取り組んだ例を紹介した。

　また、韓国の祭りの観光資源化事例から、祭りの観光資源化成功要因には、強いリーダーシップと効果的な広報戦略が背景にあることが分かった。今や祭りに限らず、強いリーダーシップとプロモーションの力が要求される時代になっているといえるだろう。

　今後のポストコロナ社会においては、今までの地域資源の観光化とは違った視点で新たな地域資源を発掘し、それを観光資源として定着させることが、より求められている。

◆まとめ◆

1．あらゆるものが観光資源になりうる。
2．祭りの観光資源化の成功要因には、強いリーダーシップと効果的な広報戦略があった。
3．地域資源の観光資源化には、担い手の確保などの課題がある。
4．ポストコロナ社会においては、新たな地域資源の発掘と観光資源化が必要になっている。

参考文献
李良姫（2014）「祭りの創出・観光資源化の成功要因と課題:韓国咸平郡「蝶々祭り」を中心に『日本地域政策研究』（12）、pp.69-76。
李良姫（2014）「担い手からみる祭りの創出と維持：関門よさこい大会の事例から」『観光研究論集：大阪観光大学観光学研究所年報』（13）、pp.37-47。
李良姫（2015）「伝統文化の観光資源化と課題：神楽公演を中心に」『観光研究論集：大阪観光大学観光学研究所年報』（14）、pp.51-57。
宮本常一（1975）『宮本常一集第18巻旅と観光』未来社、p.28。
参考Webサイト
一般社団法人全日本着付け技能センターホームページ「着付け技能士会ご案内」〈http://

www.kitsuke.or.jp/ginou.html〉（2020年10月31日閲覧）。

咸平郡ホームページ〈https://www.hampyeong.go.kr/tour_jpn/contentsView.
do?pageId=tour_jpn19〉（2020年10月30日閲覧）。

第5章

伝統文化の観光化

はじめに

　近年、地域活性化や観光振興のために祭りなど伝統文化が再生され、観光化される動きが日本各地で進んでいる。同様の動向は韓国でも生じている。

　伝統文化が観光化により、商品化され、変質し、その固有性が破壊されてしまうとの批判も多くある。反面、むしろ観光化が伝統文化を刺激し、その結果、新しい文化が再生、創造された事例も多く検証されている。

　本章では、観光化により伝統文化がどのように変化していったのかについて、祭りを中心に説明をしていく。また、観光化されることによって伝統文化が以前とは違う形態に新しく創造され、再生された背景について述べる。最後に、伝統文化が本来の開催地域や場所を離れ、常設、あるいは、臨時施設で公演されている現状について事例を挙げながら説明する。

１．観光化による伝統文化の変化

（１）伝統文化の観光化

　観光化により、伝統文化が変化した事例としては、広島県や島根県などで継承されている神楽がある。神楽は、本来、地域の祭りの時、神社で神に奉納するためのものであった。しかし、人口減少・少子高齢化や急速な過疎化により神楽の担い手不足が生じ、祭りで神楽を舞うこと自体ができ

なくなった時期もあった。それが、神楽の常設公演場の設置や競演大会の開催など観客集めを積極的に行った結果、派手な衣装や演技などが注目を浴び、神楽が再生、維持できるようになった。

写真14　広島県安芸太田町の体育館で開催された「神楽の宴」
出所：筆者撮影（2015年4月26日）

　神楽の観光化の事例は、祭りが本来の伝統的な祭りとは異なるものとなったと批判されることもあるが、伝統文化が消滅の危機を経験し、変化を余儀なくされた代表的な例であるといえる。沖縄のエイサーも本来は、お盆の時期に、村人が村で祖先の霊を送迎するためのものであった。それが現在は、観光イベント化されている。

（2）参加者の変化

　大阪府藤井寺市の道明寺天満宮で開催されている八朔祭りで奉納されている「こども相撲」は、本来は、地域の青年たちが参加するものだったが、参加者がいなくなり、地元の小学校の野球部員が団体で参加している。まわしは改良されたものを使用している。また、祭りで奉納されるこども相撲は、近年では、女子小学生が多く参加するようになった。

　筆者が調査した福岡県で開催されているある祭りでは、祭りの当日が大雨となり、急遽地元の小学校の体育館で奉納相撲が開催されることになった。また、優勝者には自転車など高価な商品が用意されている。伝統文化

が地域や社会の変化により様変わりしていく様子を垣間見ることができる例である。

写真15　子供奉納相撲

出所：筆者撮影（2013年）

　本来の祭りは、氏子といわれる古くから神社の地元に居住している人が行うもので、新しく引っ越してきた人は参加できなかった。しかし、現在は、担い手の不足や都市化、また、移動が多い生活パターンにより、新しく引っ越してきた住民も参加するようになった。しかし、それでも人が集まらなくて、ある地域では神輿を担ぐと日当のような報酬を受けることさえもある。

（3）祭りの機能の変化

　上記のような変化は、祭りの本来の機能である連帯感が薄れてきたことが原因である。諸外国においても同様の現象がみられる。とりわけ韓国では、かつて伝統的な祭りは、祭礼機能、連帯感、娯楽として機能していた。

　しかし、近代、現代社会における祭りの機能は、伝統文化の継承、娯楽、地域活性化や観光活性化を求めて、かつての伝統的な社会とは相違した連帯感および所属感へと変化してきた。社会が変化することにより祭り本来の機能も変化してきたといえる。その原因のひとつとして、共同作業を必要とした従来の村社会から、個人主義社会への変化をあげることができる。

（4）地域社会の変化

　ゲスト側の観光活動だけが文化変容をもたらすのではなく、伝統文化の変容はホスト側の社会変化などから起きる問題でもある。山下も、「観光は文化との関係においてしばしばネガティブに論じられてきた」（山下、1996）といい、観光開発が伝統文化を破壊するといった議論に対して、伝統文化の破壊は観光開発だけの問題ではないと主張している。

　さらに、「伝統文化というものをあたかも太古から伝わってきた本源的な実体として理想化するという過ちを犯している」（山下、1996）と指摘している。そのうえで、インドネシアのバリの観光文化を通して、むしろ観光が伝統文化を刺激し、新しい文化創造のための刺激剤になっていると論じている。また、文化が単に保存されるだけではなく、研究者や観光客のために再創造された点を強調している。

　また、クリスタルは、インドネシア・スラウェシ島にあるトラジャの葬式儀式を取り上げ、「葬式儀式が観光化により、商品化され、変質してしまう」（クリスタル：三村監訳、1991）と主張していた。しかし、その後のエピローグで、「外部世界との接触の増大によって促進された文化変容の経済的、社会的影響力があるにもかかわらず、トラジャの宗教的、芸術的、そして儀式的な伝統は衰えていない」（クリスタル：三村監訳、1991）と、指摘している。さらに、「観光客の見世物ではないが、非常に多くの観光客を世界から引きつけている」としていることから、観光が伝統文化を保護・発展させるとまでは論じていないが、観光が伝統文化を変容・破壊させるとしていた初期の論文とはやや異なったエピローグになっている。

　グリーンウッドもエピローグで、彼自身をも含めた「多くの人類学者が、観光活動が地方文化を取り込んだり、破壊したりすることについて書いてきた」（グリーンウッド：三村監訳、1991）ことに対して、現在も変わりはないが、そのような考察は、「すべての過程の部分をみているのみである」としていることから、観光活動と文化に関する見方は変化したといえる。

2．伝統文化の創造

（1）祭りから見る伝統文化の創造

　広島県三原市で毎年開催されている「やっさ祭り」は、430年前に戦国武将の小早川隆景が三原城を築いたことを祝って踊りが始まったのがその由来である、と実行委員会は宣伝している。しかし、その年代に関しては疑問がある。関ヶ原の合戦以後、毛利一族が衰退した歴史的な状況のなかで、関ヶ原以前の築城祝いの踊りが400年以上も受け継がれてきた、というのには疑問が残る。

　それでは、なぜ実行委員会は、「やっさ踊り」を400年以上も前の古いものであるとアピールしているのだろうか。それは、「伝統」というものが古いほど価値があると捉えられる傾向があるため、明治以後の新しいものではなく400年も前からの「伝統」ある古いものとすることでインパクトを狙ったイメージ戦略と考えられる。

　実際にはまったく新しい祭りの創造であり、ただ形式を過去に借りているだけの新しい都市祝祭であるといっている。つまり、多くの伝統的祭りは古い伝統文化を復活させたというよりは、新しく伝統文化を創造したのである。

（2）伝統文化の変化要因

　伝統的な社会では、固い絆と強い共同体意識のもとに祭りが行われていた。共同行事を行うことによって、日常生活を営むなかでどうしても薄くなってしまいがちな人々の連帯感を一つにさせることができた。祭りが人々を結束させる求心的な機能を果たしていたといえる。

　現代に至っても伝統的な祭りが村落社会において維持持続されている。しかし、その多くの村落の祭りは変化をしつつ維持持続されている。つまり、近代化の影響により高齢化や過疎化が急速に進んでいるため、祭りの担い手の不足により祭りそのものの存続が危機に瀕し、祭りの縮小化もや

むを得ない状況の中で、伝統文化の中断だけは避けようとする村人の念願
は、祭りの変容を自ら望むようになる。

　例えば神楽について言えば、かつては神を祀る神楽殿には女性が入るこ
とはもちろん、舞うことも禁止されていて、男性しか舞うことができなかっ
た。しかし現代に至っては、若者男性の都市進出により祭りの担い手の絶
対数が不足し、女性も舞うことを認めざるを得なくなった。このように、
社会が変化することによって「伝統」は変化していくといえる。それは、
伝統をそのまま維持持続させるのは無理であることを意味している。伝統
文化を持続させるためには、現代社会と各地域社会の特色を活かしながら、
地域社会に適合する新しい伝統文化の創造が切実に要求されるように変化
してきた。

3. 伝統文化の創造の背景

（1）価値観の変化

　伝統社会においての祭りという概念は、特別な日に行われる特別なもの
で、その日だけは晴れ着を着ることができ、ご馳走を食べることもでき、
まさに「ハレ」の日であった。しかし、現代は毎日が「ハレ」の日で、い
つでも、綺麗な服を着ることができ、いつでもおいしい物を食べることが
できる。街に出れば、いつもそこには「ハレの場」がある。そのため、わ
ざわざ祭りに参加する必要がなくなった。このような社会状況や価値観の
変化に伴い、祭りの変化も余儀なくされ、祭りを含めた伝統文化が現代社
会の状況や価値観の基で新しく創造されるようになった。

（2）祭りの日常化

　神楽の舞は、本来、祭りの時期に限り、神に奉納するために行われたも
のであるが、現在は、祭りの時期以外の普通の日に、境内で神楽の公演を
するようになった。

　宮崎県高千穂地方では、夜通しで行われる「夜神楽」が人気を集めてい

る。本来、主として冬期に限って行われていたものを、神楽の季節以外にも365日間、いつでも神楽を楽しむことができるようになった。お盆やお正月さえも公演がある。高千穂神社境内の神楽専用建物で開催されていて、筆者が調査を行った2013年1月には、「観光神楽」という名称だったが、2013年4月からは「高千穂神楽」に名称を変えた。これは伝統文化が観光化に大きく傾いているという批判への対策との関係もあると思われる。

（3）伝統文化の常設化

　広島県北広島町の千代田開発センターのように、町のホールで定期的に伝統文化の神楽公演が行われているところもある。また、広島県安芸高田市には、東京ドームと同じ屋根を張ったドーム式の最大3,000人が収容できる常設神楽公演施設「神楽門前湯治村神楽ドーム」があり、毎週末の定期公演をはじめ、神楽大会など一年を通して神楽を披露しているところもある。さらに、安芸高田市の神楽は、東京公演など、地域を越えた活発な公演活動が行われていて、神楽の普及と同時に安芸高田市の観光地化を目指すものである。

　本来は地元の祭りの際に神に奉納していた神楽が現在では、地域や神社を出て、ホールや市民文化センターさらには神楽公演専用の施設で公演されるようになった。またこうした施設のみならず、結婚式場など大小のイベントなどでアトラクションとして上演されるようになった。伝統芸能の劇場化、アトラクション化ともいえる現象である。

　台湾の事例もみてみよう。

　漢民族が中国から移住する以前から台湾島に居住していた諸民族は、現在14の原住民族として台湾政府により認定されている。その原住民の歴史や文化を活用し、観光化しているのが、原住民テーマパークで、九族文化村、純益台湾原住民博物館、台湾原住民族文化園区を運営し、原住民文化の保護・保存、原住民文化の観光商品化を図っている。見せるための原住民文化が形成され、原住民たちの文化が再創造されたといえる。このように、伝統文化の再創造の背景には、新しいまちづくりや、地域活性化、観

光活性化のねらいがある。

（4）観光による伝統文化の再創造

　観光は伝統文化を変容させ、破壊させてしまうだろうか。確かに、諸事例から見てきたように、観光には伝統文化を変容させる側面もある。しかし、伝統文化を変容させる原因は観光だけにあるのではなく、社会システムや価値観の変化にもよるものであると言える。観光はむしろ伝統文化を再創造させ、維持させる原動力になっていると思われる。また、観光が伝統文化を劇場化させることにより、伝統文化がより身近なものになると考えられる。

4．伝統文化の観光化の課題

（1）伝統文化の変容に対する批判の克服

　伝統文化の観光化により、伝統文化が変容されることに対する危惧は、伝統文化の観光化について研究を行う研究者のみならず、伝統文化の観光化に関わる当事者も同様に考えていることでもある。

　高崎は、「もともと経済と結びつきにくい性質の民俗芸能を観光利用する場合には利用者と被利用者との間で摩擦もあった」とし、「神楽が観光資源化されることで、神楽の伝統的形態の崩壊や「あるべき姿」「本質」の喪失を危惧する団体も少なくない」（高崎、2014）としている。

（2）観客誘致戦略

　筆者が神楽の見学者に行ったアンケート調査結果、見学の目的は「神楽が好きだから」が最も多く、次いで「温泉と神楽と食事が楽しめるから」、「仲間と一緒に時間を過ごしたいから」の順になっている。また、少数ではあるが「有名な神楽だから」、「日本の伝統文化だから」、「神楽の情熱を感じたいから」、「地元の誇りだから」という参加目的もあった（李、2015）。

　神楽の見学者の70％が60代以上の高齢者になっており、神楽が神楽団員

のみならず観客、とりわけ高齢者にも生きがいの場を与えていることがわかった。隣接する地域において、類似した伝統文化の観光化により、観客が分散されることもあり、観客の確保が課題になっている。

（3）利益の創出

　伝統文化の保存・継承で利益を創出しようとすることに反感を持つ人もいるだろう。しかし、伝統文化を維持していくには、もはや共同体意識の向上や神に対する奉納など精神的な意識だけに頼ることはできない。

　祭りなど伝統文化が経済的理由から中止になったり、消滅したりすることが多いなかで、伝統文化をビジネスとして捉え、利益を創出していくことが課題になっている。

（4）後継者の育成

　筆者が、神楽団員を対象に行ったインタビュー調査の結果、神楽に参加する神楽団員は神楽を専業にしているのではなく、それぞれの仕事をしながら休みなどを利用し神楽団の活動を行っていることが分かった。神楽が好きで地元に残り、地元で仕事をしながら、地元の伝統文化を継承しているという人が多い。伝統文化の神楽が若い世代を地元に呼び寄せ、新たな雇用機会を与え、地域の観光資源として定着していることが分かった。一方、神楽団の運営や高齢化による後継者不足が課題になっている。

おわりに

　果たして、観光は伝統文化を変容させ、破壊してしまうだろうか。確かに、諸事例から見てきたように、観光は伝統文化を変容させる側面も持っている。しかし、伝統文化を変容させる原因は観光だけではない。

　社会システムや価値観の変化が伝統文化の変容の原因である。観光はむしろ伝統文化を再創造させ、維持させる原動力になっている。また、観光による伝統文化が劇場化されることにより、伝統文化がより身近なものに

なった。観光が伝統文化を創造させ、維持させる役割を果たしているといえる。

　同様のことが韓国でも生じている。現在、歴史的な人物や事件をテーマにした祭りが多く開催されている。それらの殆どは1995年に地方自治体制度が確立されてから、地域活性化や観光活性化を目的として新しく創られ、伝統文化が維持できるようになった。それまでは、多くの祭りが衰退、消滅していた。その原因は、戦後、朝鮮戦争後の経済不況やその後の近代化運動、キリスト教の拡大によるものであった。観光化はむしろ、伝統文化維持の原動力になったといえる。

　一方、伝統文化の観光化には、伝統文化の変容に対する批判の克服や地域文化の固有性の維持、観客誘致戦略、利益の創出、後継者の育成が課題になっている。

◆まとめ◆
1．観光は伝統文化を変容させる。
2．変容させる原因は観光だけではない。
3．社会のシステムや価値観の変化が伝統文化を変容させる。
4．観光は、伝統文化を再創造・維持させる原動力でもある。

参考文献
李良姫（2015）「伝統文化の観光資源化と課題:神楽公演を中心に」『観光研究論集:大阪観光大学観光学研究所年報』大阪観光大学研究所（14）、pp.51-57。
江口信清（1998）『観光と権力』多賀出版。
エリック・クリスタル（1991）「トラジャにおける観光活動－インドネシアスラウェッシ島」、バレン・スミス編、三村浩史監訳（1991）『観光・リゾート開発の人類学－ホスト＆ゲスト論でみる地域文化の対応－』勁草書房。
デヴィッド・J・グリーンウッド（1991）「切り売りの文化－文化の商品化とし観光活動の人類学的展望」、バレン・スミス編、三村浩史監訳（1991）『観光・リゾート開発の人類学－ホスト＆ゲスト論でみる地域文化の対応－』勁草書房。
高崎義幸（2014）「郷土芸能による地域振興とその課題:広島県北広島町の神楽団実態調査から」『広島修大論集　神谷正太郎教授退職記念号』55（1）、pp.91-104。

山下晋司編（1996）『観光人類学』新曜社。
山下晋司（1999）『バリ観光人類学のレッスン』東京大学出版会。

第6章

エスニックの観光化

はじめに

　北海道白老郡にある民族共生象徴空間ウポポイは、「長い歴史と自然の中で培われてきたアイヌ文化をさまざまな角度から伝承・共有する」目的で、2020年7月に一般公開された。エスニック・ツーリズムのひとつでもある民族共生象徴空間ウポポイは、新型コロナウイルス感染拡大により、入場者数に影響があったと思われるが、それでも開館から1か月で約35,000人が訪れた。

　エスニックという言葉から何を連想するだろうか。エスニック風、エスニック文化・エスニック社会、エスニック料理、エスニック音楽、エスニックファッション、エスニック集団、エスニックコミュニティ、エスニックタウンなどが連想される。

　本章では、エスニック・ツーリズムとは何かについて定義したうえで、コリアンタウンや中華街、アイヌ民族、沖縄など日本におけるエスニック社会の観光化について取り上げる。さらに、韓国、台湾、タイ北部のアカ族、アメリカのハワイとシアトルでみられるエスニック・ツーリズムの事例を紹介し、そのうえで、エスニック・ツーリズムの課題と今後のあり方について提示する。

1．エスニック・ツーリズムの定義

（1）異民族の生活や文化を体験する観光

　エスニック・ツーリズムは、異民族の生活や文化様式を鑑賞する観光とされている。しかし、近年においては、異民族や異文化との共存という考え方を取り入れて、地域社会の伝統的な生活様式や異民族文化交流といった観光全般を指すようになっている。

　エスニックとは一般的には、異国的という意味である。ローカル、つまり観光客を受け入れる地域である観光地においてその土地の人々が暮らしている建築物や身に付けている衣服などの物質的なものを見る観光をエスニック・ツーリズムと呼ばれている。もちろん、単に物質的なものを鑑賞するだけではなく、その地域の人々の文化や風習、生活、人そのものまでをも観光資源とし、それら全般を体験する観光がエスニック・ツーリズムと定義される。

　異文化体験観光ともいえるものである。そうすると、外国に旅行に行って自国とは異なる建築物や人々の風習や生活を見ることはすべてエスニック・ツーリズムなのではないのか、あるいは、原住民や少数民族などの観光に限られるのか、などいろいろと疑問が湧いてくる。

（2）エキゾチックな文化を持つ地域の観光

　宮本は、エスニック・ツーリズムとは「近代的生活様式が全面的に浸透しておらず、かつエキゾチックな文化を持つ地域を対象にする観光」（宮本、2011）と定義している。

　現代的な文明が届かない山奥で暮らし、近代的な生活様式を全面的に受け入れていない民族文化を対象にした観光のみがエスニック・ツーリズムだというのか。そのようなところにテレビ番組制作者や研究者以外にどれぐらいの観光客が行くのだろうか。エキゾチックという語は一般的には「異国的」という意味を持つが、観光学的には「エキゾチックな文化」の定義

をどのようにするのか。

　異文化を体験する観光であるということだけを理解したうえで、これから取り上げる事例からエスニック・ツーリズムとは何かについて考えることにしたい。

2．日本におけるエスニック・ツーリズム

（1）コリアンタウンとチャイナタウン
①コリアンタウン

　エスニック・ツーリズムの定義を「異文化を体験する観光」という概念から考えると、いわゆる在日社会といわれる在日韓国、朝鮮人、華僑や、先住民族文化の残る北海道のアイヌ、沖縄の琉球を対象にした観光を日本の社会のなかでのエスニック・ツーリズムといえる。

　例えば筆者が日本に留学してきてすぐの頃に大阪の鶴橋に行ったことがある。そこは韓国の商店街と同じようにキムチや焼肉の店があり、韓国語が飛び交っている。鶴橋の商店街を見て一瞬、ここが本当に日本なのかと驚かされた。もちろん、日本には在日韓国人が多く住んでいることは知っていたが、びっくりしたことを今でも覚えている。

　現在日本にいる在日の民族分布では、在日韓国・朝鮮人を抑えて、中国人が最も多いが、日本の社会では在日韓国・朝鮮人のインパクトは強いといえる。戦前から何らかの形で日本に来て戦後も帰らずに日本で居住するようになった在日韓国、朝鮮人は大阪市生野区の鶴橋と今里、神戸市の長田区、神奈川県の川崎市、また東京の新大久保や上野、新宿で独自のコミュニティを作り上げている。

　コリアンタウンとは、そのコミュニティのなかで形成された商店街を指し、そのなかでも鶴橋は代表的なコリアンタウンといえる。JR鶴橋駅と近鉄鶴橋駅周辺には焼肉店や韓国料理店が多く、その匂いが仕事帰りのサラリーマンの足を止める。

写真16　大阪の鶴橋のコリアンタウン

出所：筆者撮影（2009年11月23日）

　また、焼肉などの韓国料理店以外にも韓国の民具や衣装、食品を販売する店も多くあって、「生野コリアンタウン」として地域をあげた取り組みを行っている。日本全国から多くの観光客が「生野コリアンタウン」を訪れていることからもこの地域をあげての取り組みは成功しているといえる。また、この鶴橋駅周辺の賑わいは環境省の「かおり風景100選」にも選ばれていて、おそらく美味しそうな焼肉の匂いが選定の決め手になったのではないかと思われる。

　今里は鶴橋と並んで大阪の代表的なコリアンタウンであるといえる。焼肉など韓国料理店は鶴橋と比べると少ないが、数軒あり、キムチなどの韓国食料品を販売する韓国人向けのマーケットもある。鶴橋とのちょっとした違いと言えば駅前商店街をそのまま南に200メートルほど下ると、今里新地という飲み屋街があり、経営者のほとんどが韓国人であるという点である。観光客は鶴橋ほど多くはないが、地元大阪に定着した場所となっており、食事や韓国食料品を買うために訪れる人で賑ぎわっている。

　「東京にいながら韓国気分を満喫できる」ことが売り文句である新大久保のコリアンタウンは韓流ブームと共に、本場の韓国より韓国らしさを演出している。韓流スターに関するグッズを販売する韓流ショップをはじめ、韓国料理店や韓国スーパーマーケットなどが所狭しと並んでいる。

　筆者も最近行ってみたが、まさに韓国より韓国らしさがあり、韓国では

あれほど多くの芸能人グッズなどを販売している街はないのではないかと思われるほどであった。数年前までは、東京でコリアンタウンというと新宿を連想したが、今や新大久保がコリアンタウンの新名所となっている。やはり韓流ブームの影響で女性客が特に目立つ場所である。

②チャイナタウン

次にいわゆるチャイナタウンといわれる日本のなかの中華街を見てみよう。中華街といえば横浜の中華街と神戸南京町、長崎新地中華街をあげることができる。神戸市中央区の元町通と栄町通にまたがる街を南京町と呼び、1868年に神戸港が開港し、外国人用の居留地が設けられたが、中国（清国）との間には通商条約が結ば

写真17　神戸南京町
出所：筆者撮影（2021年2月10日）

れておらず、居留地内に住むことを許可されなかったため、この地域に住み始めた中国人が商売を始めたのが南京町の始まりである。

横浜中華街は500店以上の店舗があり、首都圏であることも加わり、神戸の南京町と長崎の新地中華街の日本三大チャイナタウンのなかでもその規模や観光客数では日本最大を誇っている。規模が大き過ぎて観光案内パンフレットやガイドブックがないと、どこの店に行ったらよいのか迷うほどである。

年間2,000万人の観光客が訪れ、特に、春節（旧暦の正月）には獅子舞など中国伝統文化を披露していて、観光名所として確固たる位置を占めている。日本のなかの中華街で味わう中華料理は本場中国のそれとは味付けにおいて多少異なるものではあるが、日本人が中国の料理や生活、文化を体験できる場所として、大変人気があり、観光客で賑わっている。

（2）アイヌ文化の観光化

　社団法人北海道アイヌ協会によると「アイヌ民族は、おおよそ17世紀から19世紀において東北地方北部から北海道、サハリン、千島列島に及ぶ広い範囲で生活しており、アイヌ民族がこの隣接地域に移動し、逆にその地域の他民族が移動し接触した」（社団法人北海道アイヌ協会ホームページ）としている。2008年に「アイヌ民族を先住民族とすることを求める決議」が国会で採択されたが、日本の歴史のなかでアイヌの歴史はいまだ明らかでないことが多い。アイヌの歴史や文化を体験するアイヌ観光類型を以下で紹介する。

　アイヌ文化を展示する代表的な施設として社団法人アイヌ民族博物館が運営する「アイヌ民族博物館」をあげることができる。北海道白老郡にあり、アイヌの歴史と文化を紹介する野外博物館となっていて、通称、「白老ポロトコタン」と言われている。コタンとはアイヌ語で集落を意味し、ポロトコタンとは「大きな湖の集落」という意味になる。アイヌの衣食住や生活様式などがわかりやすく展示されている。展示だけではなく、舞踊などの公演や手工芸の実演などもあり、また、アイヌ文化の調査研究、世界各地の先住民族との交流の拠点ともなっている。

　アイヌ民族博物館で夏休み期間中に開催される「ポロトコタンの夜」はアイヌ民族に伝わる伝統的な「祈り」、「歌」、「踊り」、「食文化」を幻想的な雰囲気のなかで紹介・体験する特別プログラムである。ポロトコタンをライトアップし、会場となるアイヌの伝統的家屋「チセ」で観客をかがり火で迎える。

　観光名所としても知られている阿寒湖のほとりにある「阿寒湖アイヌコ

タン」は日本のなかでも最大の200人のアイヌ民族が居住している。この阿寒湖アイヌコタンでは、アイヌ民族の歴史や文化を体験できるプランがあり、アイヌ料理を体験できる飲食店があり、舞踊や演劇の公演が行われているが、数としてはあまり多くない。また、民芸品通りがあり、アイヌ工芸品を販売している。阿寒湖アイヌコタンでは春は4月末から6月まで、秋は9月から11月までと長期にかけて「イオマンテの火まつり」の上演を行っている。アイヌの伝統的な歌と踊りや演奏で構成されていて、野外で開催されるので、より幻想的な体験ができる。周辺のホテルからの送迎も行っており、地域をあげての取り組みになっていて、2009年にはユネスコ無形文化遺産にも登録されている。

写真18　アイヌコタン
筆者撮影（2018年8月18日）

　古くから伝わる本来のアイヌの祭り（熊まつり）は、すたれてしまって、観光ショーとしてしか行われていないのが現状である。一方、2020年に71回を迎える「まりも祭り」は毎年10月に阿寒湖アイヌコタンで開催されている。まりも祭りに合わせて行われる千本タイマツは、一般の人も参加でき、1,000本のタイマツを持って行進する幻想的な風景となっている。しかし、2020年10月9日に開催される予定だった、まりも踊り行進・まりも

を迎える儀式・護る儀式は中止となり、10月10日のまりもに祈る儀式は、アイヌコタンのポンセチでの「カムイノミ」（神に祈る儀式）とチュウルイ島での「カムイノミ」のみがコタン関係者によって行われることになった。

（3）沖縄琉球村

　琉球村は、沖縄の自然や文化、芸能を見学、体験できるテーマパークで、沖縄本島の中央部に位置している恩納村にある。周りには大型リゾート施設も多く、きれいな自然に囲まれている地域にあって、テーマパークの中では、エイサーなど沖縄の芸能を鑑賞でき、シーサー作りなどの各種体験や沖縄伝統料理を味わうことができる。

写真19　沖縄琉球村

出所：筆者撮影（2017年1月8日）

　ここまでは、日本のなかのエスニック・ツーリズムについて紹介した。今まで国内旅行の一部だと思っていたものが日本のなかのエスニック・ツアーであることが理解できたと思う。以下では日本以外のエスニック・ツーリズムの事例をあげてみよう。

3．海外のエスニック・ツーリズム

（1）韓国民俗村

　韓国の代表的なエスニック・ツーリズムとしては「韓国民俗村」がある。

その国の昔の生活風習などを再現、展示する場所や施設をエスニック・ツーリズムとして捉えることに議論の余地はあると思う。しかし、受け入れ国にとっては自国の文化であっても外国人からみると異文化である。例えば、日本における江戸村や明治村などもエスニック・ツーリズムの地域資源として生かすことができる。

　韓国民俗村の主な施設としては、韓国の各地方の伝統家屋を復元した建物があり、また、韓国の生活文化などを展示している。韓国の民俗芸能などの文化公演もあって観光客を楽しませている。韓国ドラマの「チャングムの誓い」や「イサン」「ドンイ」などは日本でも有名だが、これらの時代劇は一昔前まではほとんどこの韓国民俗村で撮影されていた。

　現在は、独自の撮影所を作って撮影することが多くなったが、筆者が子供の頃に見た時代劇のドラマの場所提供の字幕には必ず韓国民俗村と書いてあったのを記憶している。また、民俗村では希望すれば伝統結婚式も行うことができる。さらに、民俗村の中では様々な韓国料理が味わえる。このような民俗村の運営目的は、伝統文化の維持継承と青少年の現場学習の場の提供、外国人観光客誘致と韓国文化紹介である。

（2）台湾原住民テーマパーク

　台湾には、漢民族が中国大陸から移住する以前から台湾島に諸民族が居住していた。彼らを台湾原住民族といい、そのなかでアミ族が18万人と最も多く、続いてパイワン族とタイヤル族が各8万人となっている。

　台湾各地に原住民テーマパークが、原住民文化の保護と保存や原住民文化の「観光商品化」のために設立された。台湾原住民テーマパークではみせるための踊りや衣装等の原住民文化が紹介されていて、多くの観光客を呼び込んでいる。

（3）タイ北部アカ族の村

　タイ北部の山岳地帯には多くの少数民族が居住している。アカ族の村には300人程度が居住している。タイ国政府観光庁によると村の南北に祀ら

れた、触れてはいけない神聖な門と、裸の男女の人形があるとしている。

（4）ポリネシア文化センターおよびティリカム・ビレッジ

　ハワイを訪れるツアーには必ずといってもいいほどポリネシア文化セン
ターが観光コースに含まれていて、トンガやフィジー、サモアなどポリネ
シアンの歴史や文化、生活、芸能を再現、披露している。船から各民族ご
とに作られている施設や踊りなどを鑑賞することもできる。

写真20　ハワイポリネシア文化センターのツアー

出所：筆者撮影（2007年5月1日）

　シアトルのティリカム・ビレッジは、ネイティブアメリカン、つまりイ
ンディアンの歴史や文化が体験できる島で、シアトルから1時間ほど船に
乗って行く。食事とインディアン原住民の歴史を再現した公演が主なプロ
グラムになっていて、阿寒湖アイヌコタンで行われている文化公演と似た
ようなものであるが、特に、現地の人のナレーションと共に行われる公
演はわかりやすい歴史紹介になっている。筆者が訪れた2001年には、船代
と食事、公演付きのツアー料金は80ドル（日本円で約8000円）で、少し高
額ではあるが大変良い体験だった。1993年にはアジア太平洋経済協力会議
APECの首脳会談が開催されたこともある。

4．エスニック・ツーリズムの課題

（1）本物の文化の提供

　日本のエスニック・ツーリズムと諸国のエスニック・ツーリズムの事例を踏まえたうえで、エスニック・ツーリズムの課題について考えてみる。

　まず、タイのアカ族のエスニック・ツーリズムでは、観光パンフレット、絵葉書、ポスターなどにカラフルな民族衣装を着た若い女性の写真が用いられ、観光客を相手に商売をしている。また、一緒に写真を撮るとお金を要求してくる。これらは民族文化が商品化されている事例である。

　さらに、実際には、山岳少数民族ではない平地に住む少女たちが、お土産品を売り、一緒に写真を撮っていたり、民族衣装もアカ族のものではないのを着用していたりする。観光資源として平地のタイ人により商品化され、利用されている現状があり、少数民族の伝統維持や保存からはほど遠く、経済的利益のみが優先されている。

　諸事例から、観光によるエスニック文化の商品化の課題を以下のようにあげることができる。ビジネスを目的とした歪曲されたイメージが作られているにもかかわらず、観光対象にされている当の少数民族の人々は、間違ったイメージが作り上げられているという事実も知らず、抗議の機会も与えられていない。

（2）ホスピタリティの精神の向上

　従来のエスニック・ツーリズムではホスピタリティ精神は考慮されなかった。一方的に、見る側が見られる側を観察する、表現は悪いかもしれないが、覗いているような観光が行われてきた。しかし、エスニック・ツーリズムの対象になっている社会では、従来から客をもてなすことを大事にする伝統があった。この、本来のもてなしの精神をエスニック・ツーリズムへと活用することで、少数民族の尊厳を守りながら理解と共存を深めることができるし、保存も可能ではないかと考えられる。

（3）異文化交流の場の提供

　エスニック・ツーリズムとは従来、異民族の文化様式を観賞する観光とされていた。しかし、近年、この観光は異民族や異文化との共存という考えを取り入れて、地域社会の伝統的な生活様式や民族文化といった社会環境を損なうことなく、調和的に行う観光全般をさすようになっている。

　即ち、エスニック・ツーリズムが多様化してきたといえる。こうしたことを踏まえたうえで、今後のエスニック・ツーリズムに求められるのは、本来のあるがままの伝統や文化や生活を紹介するべきであり、また、見る、見られる関係から異文化交流の関係への転換とホスピタリティ精神の取り入れが望ましい。

（4）文化発信としての役割

　単なる観光商品としてではなく、文化発信という大きなテーマを掲げての観光客の受け入れが必要になってくる。それにはエスニック社会自らが発信する着地型エスニック・ツーリズムの実現がひとつの効果的な方法ではないかと思われる。

おわりに

　本章では、エスニック・ツーリズムが従来の異民族や異文化を見学、体験する観光から異文化交流の場としての観光へと多様化したことと、伝統文化の維持、発信の場としての役割を果たしていることを述べた。また、今後のエスニック・ツーリズムのあり方として、本物の伝統文化の発信と着地型エスニック・ツーリズムの実現が課題であると提示した。

　エスニック・ツーリズムとは従来、異民族の文化様式を観賞する観光とされていた。しかし、近年、この観光は異民族や異文化との共存という考えを取り入れて、地域社会の伝統的な生活様式や民族文化といった社会環境を損なうことなく、調和的に行う観光全般を指すようになってきた。エスニック・ツーリズムが多様化されているといえよう。

今後のエスニック・ツーリズムは、見る、見られる関係から異文化交流の関係への転換と、ホスピタリティ精神の取り入れが望ましいといえる。加えて、観光商品としてではなく、文化発信としての観光客の受け入れが必要になってくるが、それにはエスニック社会自らがゲスト社会に向けて発信する着地型エスニック・ツーリズムの実現が一つの効果的な方法であろう。

◆まとめ◆

1. 異文化を体験する観光がエスニック・ツーリズムである。
2. 異文化交流の場を提供するなど多様化されている。
3. 伝統文化の維持、発信の場としての役割も果たしている。
4. 本物の伝統文化の発信と着地型エスニック・ツーリズムの実現が課題である。

参考文献

瀬戸邦弘他（2011）「エスニック・ツーリズムと原住民文化－台湾におけるテーマパークの実践事例から－」、『生活学論叢１号』、日本生活学会。

宮本佳範（2011）「観光対象として"持続すべき文化"に関する考察－持続可能なエスニック・ツーリズムの視点－」、『東邦学誌40巻』、愛知東邦大学。

豊田三佳「観光と性：北タイ山地の女性イメージ」、山下晋司編（1996）『観光人類学』新曜社。

参考Webサイト

一般社団法人釧路観光コンベンション協会ホームページ〈https://ja.kushiro-lakeakan.com/〉（2020年10月１日閲覧）。

社団法人北海道アイヌ協会ホームページ〈https://www.ainu-assn.or.jp/〉（2020年10月１日閲覧）。

民族共生象徴空間ウポポイホームページ〈https://ainu-upopoy.jp/〉（2020年９月８日閲覧）。

琉球村ホームページ〈https://www.ryukyumura.co.jp/〉（2020年11月１日閲覧）。

第7章

ノスタルジアの観光化

はじめに

　故郷を懐かしい、昔を懐かしい、と思う気持ちにこたえて田舎文化、田舎のイメージを観光商品化することがノスタルジア観光である。つまり、故郷、田舎の観光商品化である。もはや都会では失われてしまったものを新しく創って提供し、観光客を集めるのがノスタルジアの観光化といえる。

　本章では、ノスタルジアの定義および特徴について先行研究を参考にしながら提示していく。また「遠野物語」の語り部で知られている岩手県遠野市のノスタルジアの観光化事例を含め、様々なノスタルジアの取り組み事例について紹介し、ノスタルジアについて理解を深める。加えて、現代社会において人々はなぜノスタルジアを求めるのかについて、遠野市の事例を考察する。最後に、こうしたノスタルジアの観光化の課題について述べる。

1．ノスタルジアの定義

（1）好意的で感傷的なまなざし

　尾山は、現代の消費文化に見られるノスタルジアに対する文化批評や社会学での評価を振り返り、ノスタルジアが社会批評にとって持つ重要性を考察した論文で、ノスタルジアの定義を「過去の事物や時代に対する好意的で感傷的なまなざし」（尾山、2010）としている。またこのノスタルジアという用語は17世紀のスイス人医師ホファー（Johannes Hofer）により創

り出されたものとしている。

　当時、故郷から離れて暮らしていたスイス人傭兵らが帰郷を望み、苦しむ様子を指して、ギリシャ語でそれぞれ「帰郷」と「苦しい状態」を意味する「ノストス（nostos）」と「アルジア（algia）」を組み合わせた言葉だとしている。当時、「ノスタルジア」と診断された人々には憂鬱、食欲不振、自殺を試みるといった症状が見られたということから、現代の言葉でいうと故郷や家庭を懐かしみ、非常に恋しがる気持ちを表す「ホームシック」にあてはまるのではないだろうか。

（2）ノスタルジアの特徴

　ノスタルジアの特徴としては、故郷を離れた人が故郷を懐かしく思い、昔は良かったなどと昔を懐かしく思うことが挙げられる。さらに、故郷に対して感傷的な気持ちを抱き、具体的に何がどのように良かったとか、懐かしいのではなくて、抽象的で漠然とした懐かしさを持つ。またノスタルジアが表現されるのは、場所だけではなく、それは文学や映画また歌などにも表れる。特に、故郷を懐かしがる歌は私達の身近なものになって、人々の共感を得ている。しかし、こうした故郷を懐かしいと思う歌は1970年代や80年代までには多くあったが、最近の歌には故郷をテーマにした歌はあまりみられない。

（3）ノスタルジアの観光マーケティング

　石井は、共同体論や柳田国男の民俗学がブームになりつつあった1970年、国鉄が企画した故郷をテーマとした全国的な旅行キャンペーンである、「ディスカバージャパン」について説明している。そのキャンペーンで制作されたポスターの写真は、それまでは主に日光の東照宮、京都の清水寺などといった観光名所が使われていたのが、不特定の地方の農村の風景を使用したことを指摘している（石井、2007）。

　どこにでもあるような日本のどこかを連想させることにより、特定の観光地ではなく、日本の津々浦々を売る観光マーケティングであったとして

いる。確かにある特定の観光名所のみを売りものにするより、幅広く日本全国を対象にする方が観光活性化につなげやすい。その戦略の中味は都会の疲れから逃れて、昔を思い出させる、ほっとする懐かしい場所の提供、つまりノスタルジアの提供であったといえる。

2．日本におけるノスタルジアの観光化

（1）遠野物語

　日本の代表的な民俗学者である柳田国男の著書『遠野物語』を遠野の方言で語ることで、一躍観光名所になった遠野市の取り組みについては「ノスタルジアと伝統文化の再構成－遠野の民話観光」（川森、1996）という論文が書かれている。語り部を含めて、主な取り組みとしては、「遠野ふるさと村」の運営がある。

　懐かしい農村を再現したのどかな風景の中で、さまざまな農村体験プログラムを提供している。「時計をはずして、遠野郷の自然と素朴な人情にふれるひとときをお過ごしください」とし、遠野の農村生活を体験し自然と文化を遊んで学べる施設になっている。また、曲り家（母屋と馬屋が一体となったL字型の住宅）が数棟あって、田んぼや畑や森などもあることから、のんびりと散策したり、ボーっとしたり、遠野の農村を体験し癒される空間になっている。

　遠野地方の農家のかつての生活様式を再現し、伝承行事、民話や昔話、民芸品の製作・実演などが体験できる。さらに、「とおの物語の館」では、遠野にあった造り酒屋の蔵を改築し、遠野地方に古くから伝わる民話を紹介している。遠野を全国的に有名にした柳田国男が滞在した宿を移築した展示館もある。そこでは、柳田の生涯や遠野での足跡を紹介している。

　さらに、もっとも人気のあるのが「語り部」である。「遠野座」では素朴で、温かい遠野の方言で語り部が聞かせてくれる昔話や、大切に保存し、継承してきた神楽をはじめとする多彩な郷土芸能などが観賞できる。遠野座以外でも旅館など宿泊施設に「語り部ホール」があり、そこで語り部が昔話

を方言で語ってくれる。

（2）東京高円寺阿波おどり

　かつて祭りの開催は、日本の地域社会において、伝統行事の維持のみではなく共同体意識の向上を目的として、大変重要な役割を果たしていた。祭りが開催される時期には故郷を離れていた人も地元に帰り参加していた。しかし、人口の都市集中や産業化など社会のシステムの変化により共同体意識も変化することになり、祭りも変化を強いられてきた。つまり、ふるさとの祭りに参加できなくなるような社会システムになったのである。そのため、祭りそのものが故郷から離れ、故郷を離れて暮らしている都会の人々の空間に移動してきたのである。故郷の祭りが都会で新たに再生されたともいえる。そのよい事例が、1957年に始まり2019年に63回を迎えた、「東京高円寺阿波おどり」である。400年の歴史を誇る徳島の郷土芸能である阿波おどりが東京の商店街で開催されていて、徳島の人だけではなく故郷を離れて暮らしているすべての日本人の故郷の祭りとなっている。2020年64回を迎える東京高円寺阿波おどりは、8月22日から23日の2日間開催される予定だったが、新型コロナウイルス感染拡大により全面中止となった。

（3）大阪市大正区エイサー祭りおよび大阪くらしの今昔館

　大阪市の大正区は古くから沖縄出身の人々が多く移り住み、区の人口は約68,000人であるが、そのうちの約17,000人が沖縄出身者とその家族である。すなわち区民の4人に1人が沖縄出身者といわれている。まさにリトル沖縄といってもいいだろう。こうしたことから毎年恒例の「大正区エイサー祭り」が開催されている。2019年で45回目となり、全国各地から多数の参加者が集まって来ている。

　2012年9月8日（土）から9日（日）には、沖縄本土復帰40周年・大正区制80年を記念し「おきナニワプロジェクト」の一環として「綱・ちゅら・エイサー祭」が開催された。沖縄の三大大綱引きのひとつである「与那原

大綱曳」を招待し、長さ90m、最大直径20cm、重さ5tの綱を参加者総出で引き合った。

　沖縄エイサーはそのリズムなどが楽しいことから様々な行事に招待されることが多いが、大正区のように大規模で恒例行事として長年継続されているエイサー祭りは他にはないだろう。沖縄の出身者が多く居住している大阪市大正区には、当然沖縄料理店や物産店、沖縄伝統芸能等の教室も多く、大阪はもちろん日本全国から「リトル沖縄」を求めて訪れる人で賑わっている。沖縄出身者がふるさとを偲ぶ場所として、また沖縄のノスタルジアを体験する場所としての二種類の訪問の目的があるといえる。

写真21　大正区エイサー祭り

出所：筆者撮影（2012年9月8日）

　2020年46回目を迎える大正区エイサー祭りは9月12日に開催予定だったが、他の祭り同様、新型コロナウイルス感染拡大により中止になった。

　「大阪くらしの今昔館」は大阪市立住まいのミュージアムとして2001年に開館した。商業のまち大阪の北に位置する天神橋6丁目の角のビルの中に昔の暮らしを作り上げている。9階には江戸時代が、8階には明治、大正、昭和の時代の街並みなどが再現されていて、大阪の近代をめぐることができる。

　住まいの歴史をテーマにした日本で初めての専門ミュージアムとされている。江戸時代から明治、大正、昭和の近代の大阪の住まいとくらしが模型や資料で展示されている。大阪はいつも賑やかで人情あふれるまちで、

この暮らしのミュージアムには、今にも親近感あふれる大阪弁が飛び交ってくるような想像にみちる場所になっている。

写真22　大阪くらしの今昔館

出所：筆者撮影（2011年7月27日）

（4）豊後高田昭和の町

　大分県にある豊後高田市の「昭和の町」はさびれかけた商店街の活性化に成功した事例として全国から多くの自治体などが視察に訪れ、またその研究も進んでいる。江戸時代から明治、大正、昭和の30年代にかけて、豊後高田の中心商店街は国東半島一の賑やかな「お町」として栄えていた。

　豊後高田「昭和の町」は、この商店街が最後に元気だった昭和30年代の賑わいをもう一度よみがえらせようという願いをこめて、2001年に着手したまちづくり事業である。今より貧しく不便だったけれど、明るい未来を

写真23　豊後高田昭和の町

出所：筆者撮影（2013年9月11日）

信じて、隣近所が肩を寄せあい、助けあいながら生きていた時代が昭和30年代つまり、1960年代である。

　おそらく当時は貧しくて苦労の多い時代だったと思われるが、古き良き時代として人々の心の中にある昭和を再生した。まさに、ノスタルジアに訴えたまちづくりに成功した事例といえよう。

3．韓国におけるノスタルジアの観光化

（1）全州韓国伝統家屋村

　ここからは、韓国のノスタルジアの観光化についてみてみよう。近年、韓国では宿泊施設を韓国の伝統家屋様式で建設するなどノスタルジアの観光化が盛んに行われている。特に、全州は李氏王朝との関わりが深い地域としても知られている。韓国伝統家屋村では朝鮮時代の両班の家屋を想像させる建築様式が見られ、体験館では韓国伝統文化を体験できるようになっている。

　新しく観光地として作られたのではなく、もともと実際に約500世帯が居住していた場所が韓国伝統家屋村として観光地化されたのである。住民はそのまま居住し、生活している。韓国伝統のオンドル式の部屋で宿泊できるし、また、全州名物のビビンパや、韓国伝統料理を味わうことができる。朝鮮王室子孫の家での韓国文化体験もあるなど訪れる人には朝鮮時代

写真24　全州韓国伝統家屋村

出所：筆者撮影（2014年10月9日）

を満喫できる場所となっている。

（2）旧日本人村九龍浦

　日韓併合前から日本からの漁師により形成された旧日本人村を観光化しているところがある。ここは日本人のノスタルジアにもなることから日本人観光客訪問にも期待したうえで、まちづくりを行っている。

写真25　九龍浦の街並み

出所：筆者撮影（2014年8月12日）

　韓国の他の多くの日本関連建造物が日本人に対する反日感情を高める展示になっているのに対して九龍浦は、レストランや普通の日本人の生活が体験できる場所となっていることが特徴的である。

4．ノスタルジアの観光化の課題

（1）本物の文化の提供

　川森は、「ノスタルジアをもとにした観光は、特定の地域を一般的な「ふるさと」のイメージに還元してしまうおそれがある」としてノスタルジアの観光化について懸念し、「ノスタルジア・ブームが、地域の文化を脱コンテクスト化し、一般化、同質化する危険性」があることを指摘している。加えて、遠野物語をもとにしてイメージ化された遠野の文化は、遠野という特定の歴史・地理的空間を離れて、一般的な「民話のふるさと」「日本

のふるさと」というイメージとして消費されていく恐れをはらんでいると主張している（川森、1996）。

　最近、韓国のドラマや映画を観る日本人が増えている。こうしたことは韓国文化の理解や日韓関係の改善につながると期待し、好ましいことである。一方で、韓国のドラマや映画で描写されていることが韓国を一般化してしまう恐れもある。

　ノスタルジアの観光化もそうであろう。そのため、ノスタルジアの観光化で注意すべきことはその地域の本物の文化を提供をすべきである。

（2）地域文化の独自性の維持

　筆者がノスタルジアの観光化事例を調査中に感じたのは、その地域の文化の独自性から離れ、どこでも同じような個性のないノスタルジアが表現されている場合が多いということだった。極端に言えば故郷文化の歪曲とまで言える。その地域独自の、本物の文化の提供が重要である。また、そこはただの観光ではなく文化学習の場になるようにこころがけることが必要である。

（3）着地型観光の実現

　ノスタルジアの観光のみにいえることではないが、受け入れる観光地の住民が作る着地型観光を実現すべきだと思われる。最終的に古き良き時代をホストとゲストが共に共有できるような文化交流を目指すことが今後のノスタルジアの観光化では重要になってくる。

おわりに

　本章では、過去の事物や時代に対する好意的で感傷的なまなざしをノスタルジアであると定義し、ノスタルジアの特徴として、故郷を離れた人が故郷を懐かしく思う気持ちや、故郷に対して感傷的な気持ちを抱き、なにがどのようにと言葉では表せない抽象的で漠然とした懐かしさを持つこと

を挙げた。このように故郷を懐かしい、昔を懐かしいと思う気持ちにこたえて田舎文化、田舎のイメージを観光商品化することがノスタルジア観光であることと提示した。

　筆者の経験からノスタルジアの観光事例を調査していた時、故郷の文化がどこでも同じような個性のないノスタルジアが表現されている場合が多くあった。ホスト社会の本物の文化の提供が重要である。単なる観光ではなく、文化学習の場になるようにこころがける必要がある。さらに、よき時間をホストとゲストが共に共有できるような交流の場を設けることが今後のノスタルジアの観光化では重要になってくる。

◆まとめ◆
1．好意的で感傷的なまなざしがノスタルジアである。
2．田舎のイメージを商品化することがノスタルジア観光。
3．地域文化が一般化されるおそれがある。
4．ノスタルジアの観光化には、本物の文化の提供、地域文化の独自性の維持、着地型観光の実現が課題になっている。

参考文献
石井清輝（2007）消費される「故郷」の誕生：戦後日本のナショナリズムとノスタルジア」『哲學』慶應義塾大学、p.117。
尾山晋（2010）「ノスタルジアと社会批評」『多元文化』、名古屋大学国際言語文化研究科国際多元文化専攻、pp.239-251。
川森博司（1996）「ノスタルジアと伝統文化の再構成－遠野の民話観光」、山下晋司編『観光人類学』新曜社。
川森博司（2001）「現代日本における観光と地域社会故郷観光の担い手たち」、『民族学研究』日本文化人類学会、pp.68-86。
参考Webサイト
豊後高田市観光協会・豊後高田市観光まちづくり株式会社ホームページ〈https://www.showanomachi.com/〉（2020年12月18日閲覧）。
遠野ふるさと村ホームページ〈http://www.tono-furusato.jp/〉（2020年11月１日閲覧）。
NPO法人東京高円寺阿波おどり振興協会ホームページ〈http://www.koenji-awaodori.com/〉（2020年11月１日閲覧）。

第8章

エコ・ツーリズム

はじめに

　観光開発によるインフラの整備、雇用拡大、経済効果など地域に与えたプラスの影響は無視できない。一方、観光開発が地域住民の生活や文化にマイナスの影響を与えている例も報告されている。観光開発がもたらしたマイナスの影響は少なくないが、とりわけ観光資源の乱開発による環境破壊や地域住民の生活の変化の問題が最も深刻なものであろう。

　静かに生活してきた地域が、観光化されることで、今まで通りの生活の維持が難しくなることから、観光化に賛成する住民と反対する住民の間に軋轢が生じているのである。こうした観光開発がもたらした環境破壊や地域住民の生活に与えたマイナス面に対し、環境や地域住民の生活を守ることに焦点をあてた観光が注目を集めている。

　本章では、エコ・ツーリズム誕生の背景について述べる。そのうえで、日本および韓国の両国におけるエコ・ツーリズムの現状と課題について考察した結果から見出した、今後のエコ・ツーリズムのあり方を提示する。

1．エコ・ツーリズムの定義および誕生背景

（1）エコ・ツーリズムの定義

　エコ・ツーリズムを積極的に進めている環境省は、「地域ぐるみで自然環境や歴史文化など、地域固有の魅力を観光客に伝えることにより、その

価値や大切さが理解され、保全につながっていくことを目指していく仕組み」をエコ・ツーリズムと定義している。つまり、自然を尊重し、自然と共生した観光を推進することで、収益をあげ、その収益でもって、自然を保護、保全することを目的とする観光である。参加者には必ずエコガイドが付き、自然の大切さや樹木や生き物など自然に関して説明する学習型観光であることが一般的な山登りやトレッキングツアーと異なる点である。

　また、環境省では、「観光客に地域の資源を伝えることによって、地域の住民も自分たちの資源の価値を再認識し、地域の観光のオリジナリティが高まり、活性化させるだけでなく、地域のこのような一連の取り組みによって地域社会そのものが活性化されていく」としている。観光振興を通じた地域活性化の一環として多くの地域でエコ・ツーリズムが積極的に推進されている。

（2）エコ・ツーリズムの誕生背景

　大量の観光客を受け入れるために行った観光開発により環境が破壊され地域住民の生活が脅かされたマス・ツーリズムの弊害の反省から誕生したのがエコ・ツーリズムである。近年、観光を通して地域住民の生活を豊かにし、自然の大切さを学ぶことで環境保護につなげるために、美しい自然景観を持つ国や地域では、エコ・ツアーが実施されるようになった。

　溝尾は、エコ・ツアーに関して「成功した観光開発とは、自然を壊していない、①地域社会が観光開発を認め、②観光者を歓迎している、③観光者が満足している、④観光事業者の経営がうまくいっている」と定義している。また、「サステーナブル・ツーリズムとは、4点のうち、少なくとも前2者の自然と地域社会に問題が生じていない状況をいう」（溝尾、2011）としている。

　かつて長年に亘り、観光活動は観光客を送る側の観点から進められてきた。つまり他地域の旅行会社が企画し、受け入れ側の観光地の住民への配慮のない一方的なパターンであった。持続可能な観光で最も重要なことは、環境と地域住民への配慮である。

このような観点から、最近、着地型観光が注目を集めている。着地型観光とは、地域の住民が、自分たちの地域の自然や文化資源を発掘し、観光客に紹介し、説明するなど地域の立場から観光を進めることで、地域の文化や住民の生活を守ることができ、地域の資源の破壊を防ぐことができる観光であるといえる。

２．日本におけるエコ・ツーリズムの現状

（１）エコツーリズム推進会議

　日本政府がエコ・ツーリズムの実施について本格的に取り組むようになったのは、環境省により推進された「エコツーリズム推進会議」の開催からである。環境大臣を議長とし、有識者と関係府省で構成されたエコツーリズム推進会議は、2003年11月から2004年６月にかけて開催された。会議では、「エコツーリズムの理解を広める」「エコツーリズムに積極的に取り組む地域を拡充する」「エコツーリズム推進事業者を拡大する」「エコツアー需要を拡大する」ことを基本目標に掲げた。また、「自然環境や歴史文化を対象とし、それらを体験し、学ぶとともに、対象となる地域の自然環境や歴史文化の保全に責任を持つ観光のありかた」（環境省ホームページ）について提示している。

　エコツーリズム会議においては、エコツーリズム推進会議が３回、エコツーリズム推進会議幹事会が５回開催され、「エコツーリズム憲章」を制定し、取り組み等の情報をインターネットで公開する「エコツアー総覧」、エコ・ツーリズムを実践する地域や事業者の環境への配慮や地域づくり等の優れた取り組みを表彰し、関係者の連携、情報交換などによる連帯意識の醸成を図ることを目的とする「エコツーリズム大賞」の選定、基本的な手法やポイントをまとめた「エコツーリズム推進マニュアル」の作成、エコ・ツーリズムに取り組む他の自治体等への普及を目的とした「エコツーリズムモデル事業」という５つの推進方策が決定された。

（2）エコツーリズム推進法

　2007年6月20日の参議院本会議において、「エコツーリズム推進法」が成立した。環境省は、このエコツーリズム推進法の成立の背景には、「地域の環境への配慮を欠いた単なる自然体験ツアーがエコツアーと呼ばれたり、観光活動の過剰な利用により自然環境が劣化する事例も見られ」、「このような状況を踏まえ、適切なエコツーリズムを推進するための総合的な枠組みを定める法律が制定された」としている。

　また、法律の趣旨は、地域の自然環境の保全に配慮しつつ、地域の創意工夫を生かした「エコツーリズム」を推進するにあたり、（1）政府による基本方針の策定、（2）地域の関係者による推進協議会の設置、（3）地域のエコツーリズム推進方策の策定、（4）地域の自然観光資源の保全、の4つの具体的な推進方策を定め、エコツーリズムを通じた自然環境の保全、観光振興、地域振興、環境教育の推進を図るとしている。

（3）先行研究から見るエコ・ツーリズム

　エコ・ツーリズムは、人間について総合的な研究を行う人類学の研究方法を用いて諸観光現象を研究する観光人類学においても研究がなされている。

　山極は、「熱帯雨林のエコ・ツーリズムの魅力は、多様な生命との直接的な触れ合いを通して人間のもっている能力をできるだけ引き出すことにある。どこに何が潜んでいるかわからない場所をおそるおそる歩き、思いがけない動物や植物との出会いを体験する。そしてある動物を追跡することでその動物に同調し、彼らの目を通して自然と接する術を学習する」（山極、1997）と述べている。また「エコ・ツーリズムを取り入れることによって地元の自然や文化の価値が高まり、伝統社会を担い自然と密着してきた経験ある上の世代への関心が復活する」としている。

　観光開発により、受け入れ地域の環境が破壊され、伝統文化が変容してしまうとの批判もあるなかで、エコ・ツーリズムにより地元の自然や文化の価値が高まり、伝統社会を担い、自然と密着してきた経験ある上の世代

への関心が復活するという山極の意見に筆者も同感である。

　観光開発による課題の一つに観光客を受け入れる地域の住民同士の葛藤をあげることができる。例えば、観光開発を積極的に行い、多くの観光客を受け入れようとする住民と、外部の人を受け入れず静かに暮らそうとする住民との対立である。また、観光客の受け入れ方にも意見が分かれることが多い。張らは、飯能市のエコ・ツアーの事例を取り上げ、「利益を追求しないエコ・ツアー実施団体が安価なエコ・ツアーを数多く出したことにより、エコ・ツアー全体の価格を下落させ、利益を求めたい実施団体がエコ・ツアー実施をやめていった。また観光に携わる人々にはエコ・ツーリズムは稼げないものだというステレオタイプが出来上がってしまった」とし、「経済効果を出しつつ、地域活性化に資するエコ・ツーリズムを実現していくには、現状の推進体制を大きく見直し、実行力のある戦略のもと進めていかねばならない」（張・武・伊藤、2018）と指摘している。

　エコ・ツアーは、観光を通して、環境を守りつつ環境について学ぶという目的だけでなく、収益を得ることも重要な目的である。観光活動による収益を得ることができないのであれば、飯能市のエコ・ツアーの事例のように、利益を求めたい実施団体はエコ・ツアーの実施をやめてしまうだろう。

　なお、田中らは、「地域住民と実施機関との連携をいかにして築くのかが重要な課題」（田中・加来・根津、2011）であると主張している。長年、観光は観光客の送り手側の観点から進められてきた。観光地とはあまり関係のない送る側の人、つまり他地域の旅行会社が企画し、送るのが類型であった。

　持続可能な観光で最も重要なことは、環境と地域住民への配慮であろう。このような観点から、最近は着地型観光が注目を集めている。着地型観光とは、地域の住民が地域の自然や文化資源を発掘し、観光客に解説するなど地域の立場から観光を進めることで、地域の資源の破壊を防ぐことができる観光である。

3．韓国におけるエコ・ツーリズムの現状

（1）観光政策の変化

　最近、韓国でも環境保護に対する世界的な動きに歩調を合わせたかたち
で、自然を保護しながら観光活動を行う観光政策が進められている。政府
の文化観光体育部により毎年発刊される『基準観光動向に関する年次報
告書』2010年版の表紙には、エコ・ツアー関連写真とユネスコ世界文化遺
産に登録された村の写真が掲載されている。また、2010年度の観光政策
成果として、「生態緑色観光で低炭素緑色成長実現」（韓国文化体育観光部、
2011）をあげている。

　また、2018年に刊行された『2017年基準観光動向に関する年次報告書』
には、2017年には「海岸緑色景造成など35の事業に197億ウォンの支援を
行った」とし、「2018年には紺岳山水辺生態公園造成など35の事業に219億
ウォン（10ウォンは約１円）を支援する予定である。今後、生態・緑色観
光資源開発予算の年次的拡大および支援を通じ全国を均衡的に開発できる
ように誘導し、画一的ではなく地域の特性にあった持続可能な開発を進め
る」（韓国文化体育観光部、2018）としている。

（2）政策としてのエコ・ツーリズム

　韓国では、エコ・ツーリズムという用語は一般的ではなく、同じ意味
の言葉として「生態観光」が使用されている。韓国は、海外観光客数が
１千万人を超えるなど海外観光客誘致戦略は数字的にはある程度成功した
といえる。また、経済所得と生活が安定し、余暇などで生活の質を高めよ
うとする意識が社会に広まり、国内でも観光に対する関心が高まったが、
観光の歴史が長くない社会情勢では、自然を保護する観光政策は行われて
いなかった。

（3）エコ・ツーリズムと観光開発

観光を国の主な産業として、国をあげて観光開発が積極的に行なわれ、経済成長や週休2日制により国民の観光活動も増え、このようなニーズによって観光開発が進められてきた。しかし、地域住民を排除した、外部からの大規模な資金による開発によって環境破壊など様々な問題が生じた。こうしたことから、地域住民に配慮した環境にやさしい観光開発が注目を集めている。

（4）エコ・ツーリズムの事例調査分析

本節で取り上げる韓国の「順天湾エコ・ツアー」を実施している順天市は、人口約27万人、農業と漁業が主な産業で、韓国では数少ない干潟と湿地に葦が生育し、豊かで多様な生態系をもっている地域である。

エコ・ツアーが実施された契機は、1996年、順天市が順天湾を整備する際に、自然を破壊することが問題になり、市民の間に環境に対する関心が高まり、地域の環境保護団体などを中心に自然保護運動が始まったことにある。その一環として順天湾で環境関連イベントが開催され、市も順天湾をエコ・ツアー観光地として開発することになった。

2006年には韓国で最初に「沿岸湿地」として国際環境条約であるラムサール条約に登録され、また、2008年にはラムサール総会が韓国で開催されたことにより、湿地に対する関心が高まり、マスコミなどでも順天湾の湿地が取り上げられ知名度があがった。

順天湾エコ・ツアーは、2004年から始められ、2005年の観光客数は120万人に上った。駐車場は2007年までは無料であったが、2007年より駐車料金を徴収するようになった。観光客数は年々増加し、2010年には290万人に達した。2011年からは、今まで無料であった入場料を徴収するようになり、観光客数が180万人と一時的に減少したが、2015年には、300万人まで増加した。

順天湾生態館は、「順天湾の多様な生態資源を保存し、学術的研究と学生および一般人の生態学習のために造成された空間である」とし、順天湾

の自然を学習する場として開設されている。館内には、展示室、映像室、セミナー室などの施設がある。

園内ではパークトレインを運行しているが、有料で、運行距離往復2.6kmの新しく整備された（パークトレイン）専用道路を走る。エコツアーガイドが同乗し、順天湾の生態などについて説明をする。

また、満ち潮の時になると往復約35分間の湾内の船上ツアーが実施され、エコツアーガイドの説明を聞きながら「鳥の観察」などを行う。鳥の繁殖場所に近づくと船のエンジンを切るなど環境保護には特に注意をはらっている。

エコツアーガイドは、正式名を「自然生態解説士」といい、順天市が人材養成を行っている。2018年10月現在、38名の解説士が市により委嘱されている。年代は40〜50代の主婦や教職を定年した人が多いようである。また、他に仕事を持ち、土、日などに案内を行っている解説士もいる。一日10人程度が勤務している。

出身は殆どが順天市であるが、居住地の制限はない。書類審査と面接を通して採用が決まり、資格取得の条件としては、湿地生態案内プログラムに参加しなければならない。このプログラムは、2〜3か月に71時間の養成教育プログラムで、大学の教員などが講師を務めている。勤務時間は一日8時間、日当は約45,000ウォンで、韓国人平均賃金と比較すると安いといえる。

写真26　パークトレインとツアーガイド

出所：筆者撮影（2012年12月26日）

写真27　ツアーに使用される遊覧船

出所：筆者撮影（2012年12月26日）

4．エコ・ツーリズムの課題

（1）地域住民の生活への配慮

　前節で事例分析を行った韓国の順天湾のエコ・ツアーは、現在、自然学習の場としての生態自然館の運営と、約2.6kmのパークトレインの運行、遊覧船の運航、バスツアーを実施し、全てエコツアーガイドが同行して、順天湾の自然について解説を行っている。こうしたエコ・ツアーは、多い時には年間300万人近い観光客が訪れており、地域活性化につながっていることは確かである。

　このように、一見上手くいっているように思える順天湾のエコ・ツアーではあるが、実際にはいくつかの課題を抱えている。地域の環境団体はエコ・ツアーを積極的に推進しているが、反対している地域住民も多い。保護地域に指定されることから、鳥なども保護の対象になり、農業や漁業が影響を受けているからである。

　順天湾はラムサール条約により湿地に登録される前までは、その批准について地域住民も賛成と反対に分かれていた。例えば、順天湾を利用し生計を立てている多くの農業、漁業に従事する住民は当然、反対した。それは、多くの規制により農業・漁業にもたらす影響が大きいためであった。地域住民の生活が守れるエコ・ツーリズムの推進が求められている。

（2）環境保全

　自然の大切さを学ぶ目的で推進されているエコ・ツーリズムであるが、多くの人が訪れ、頻繁に遊覧船が運航されることによる環境汚染や環境破壊等、新たな環境問題を引き起こしており、その対策が課題となっている。エコ・ツーリズムの本来の目的である環境保存の重要性を認識し、環境を守ることを最優先としたエコ・ツーリズムの実施が望まれる。

（3）環境教育の場としての役割

　環境を守りながら、観光活性化を進めていくことを目指す自治体が注目したのが、エコ・ツアー体験館やエコ・ツアー学習などエコ・ツアーという言葉をキーワードとして利用した、環境にやさしい観光を掲げた祭りの開催である。その代表的な成功事例として有名になったのが、第4章で紹介した韓国で開催されている「蝶々祭り」である。蝶という自然環境のなかにある素材に着眼したところが評価された。

　祭りの開催期間中には全国から100万人近い観光客が集まるが、以下のような課題も抱えている。蝶の観察は、自然のなかで行われるではなく、人為的に作った建物の中での体験となっている。むろん、周辺の山や川を利用したいくつかのエコ体験もあるが、ほとんどが人為的に作られた施設内でのものである。

　エコ・ツアー施設をみるとエコ・ツアーに対する認識がわかる。エコ・ツアーが持続可能な開発であることを強調しているが、人を中心としたエコ・ツアーは、長期的な視点からみると、本来の目的である観光を通して環境を守るという目的を達成することが甚だ難しい。順天湾も、湿地などの自然を見せる観光施設である側面が強いことは否定できない。エコ・ツアーの最も重要な目的の一つである、環境学習教育の部分が不足している。

（4）住民参加の場の拡大

　観光による変化は地域住民の生活に直接・間接的に影響を与えている。地域住民の生計をどう維持させるかが課題となっている。

周辺農業地域では、農薬の使用の制限や農作物への鳥の被害などに対する不満の声が高まっている。利益を得られるのは食堂経営者など一部に限られており、一般農民は反対の意見が多い。

　そのため、順天市では地域住民にも配慮した対策もいくつか行われている。たとえば、期間限定の職員を住民の中から採用する。また、年に一度開催される「順天湾葦祭り」の際には、飲食コーナーを設け、その運営権を住民に委ねている。加えて、エコ・ツアーを実施している周辺地域の葦刈りなどの作業を公共事業として、地域の住民が行うようにしている。

　しかし、このような対策を講じても、観光化により利益を得られる住民は僅かである。順天市民の間では全国的、世界的に観光名所として知られることを喜ぶ人もいる。その一方で、観光客が来ても利益が得られない多くの住民にとっては、観光客により生じる交通渋滞などが迷惑なだけである。地域住民の参加を拡大し、エコ・ツーリズムの実施による利益を多くの地域住民に配分できるような政策が必要になっている。

おわりに

　エコ・ツーリズムは、観光資源が少ない地域において、観光客を集め、環境保護への関心を高める効果が見られるものの、いくつかの問題・課題を抱えている。最も大きな問題は地域住民の反対であるだろう。地域住民の理解と参加を促すためには、そこに住む人々の生計の保障やエコ・ツアーの一員としての役割を付与していく必要がある。

　また、観光事業を通じて環境保護活動を推進するはずのエコ・ツーリズムだが、多くの観光客の押し寄せにより環境が破壊される事例も出されている。環境を最優先としたエコ・ツーリズムの推進が求められている。一方で環境保存が最優先されることにより、地域住民の生業が影響を受けることもある。環境保全と地域住民の生活の配慮と観光事業への参加の拡大および利益の配分がエコ・ツーリズムの推進の今後の課題である。

◆まとめ◆

1. 自然環境の大切さを学習しながら観光活動を行うことがエコ・ツーリズムである。
2. マス・ツーリズムの反省からエコ・ツーリズムが誕生した。
3. エコ・ツーリズムもマス・ツーリズムの二の舞になる可能性がある。
4. 地域住民の生活が守られ、利益が還元されるエコ・ツーリズムの推進が望まれる。

参考文献

李良姫（2018）「エコ・ツーリズムの現状と課題」『兵庫大学論集』第24号、兵庫大学、pp.7-13。

尾家建生・金井萬造編著（2008）『これでわかる！着地型観光 地域が主役のツーリズム』、学芸出版社。

小沢健市（2003）総合観光学会編著「観光はインパクト～観光研究の一側面～」『観光の新たな潮流』同文舘出版。

溝尾良隆（2011）『観光学と景観』古今書院。

環境省（2008）『エコツーリズム推進マニュアル（改訂版）』。

韓国文化体育観光部（2011）『観光動向に関する年次報告書』。

田中俊次・加来聡伸・根津基和（2011）「知床（世界自然遺産）地域におけるエコツーリズムの現状と課題『東京農業大学農学集報』56（1）、pp.25-35。

張新語・武正憲・伊藤弘飯（2018）「飯能市エコツーリズム報告書にみるツアー実施者とツアー内容の継続性」『日本森林学会大会発表データベース』129（0）、pp.83-94。

山極寿一（2007）「エコ・ツーリズムへ－自然との共生を求めて」山下晋司編『観光文化学』、新曜社、pp.197-205。

参考Webサイト

順天湾生態館ホームページ〈https://scbay.suncheon.go.kr/wetland/#sixthSection〉（2020年10月30日閲覧）。

環境省ホームページ〈https://www.env.go.jp/nature/ecotourism/try-ecotourism/law/index.html〉（2020年10月30日閲覧）。

第9章

ヘルス・ツーリズム

はじめに

　観光をする目的のなかで健康増進は、古代から現代に至るまで変わらない観光魅力であろう。特に、日本は温泉を利用した湯治が早くから発達した。もちろん西洋においても健康増進を目的とした旅行は行われており、古代ローマにおいても各地で温泉開発がされていた。

　2020年は、新型コロナウイルス感染拡大により、訪日外国人観光客の受け入れは中止になっている。治療を目的に来日する外国人も受け入れが難しい現状であるが、それまでは増加傾向であった。また、外国人観光客にとって、温泉は人気の観光目的であり、日本の医療技術は高く評価されている。今後、さらなる可能性を秘めているといえる。

　本章では、ヘルス・ツーリズムとは何かを説明し、ヘルス・ツーリズムの歴史と現状について述べる。さらに、最近注目を集めており、積極的に進められているヘルス・ツーリズムへの日本の取り組みについて説明を行う。

　そのうえで、世界でもいち早くヘルス・ツーリズムを積極的にすすめてきたタイやシンガポール、韓国などアジアにおけるヘルス・ツーリズムの事例を取り上げる。最後に、ヘルス・ツーリズムの課題と今後の可能性について提示する。

1．ヘルス・ツーリズムの定義および歴史

（1）ヘルス・ツーリズムの定義

　NPO法人日本ヘルスツーリズム振興機構は、ヘルス・ツーリズムを、「科学的根拠に基づく健康増進（EBH: Evidence Based Health）を理念に、旅をきっかけに健康増進・維持・回復・疾病予防に寄与するもの」と定義している。よく似た観光類型で、メディカル・ツーリズムがあるが、ヘルス・ツーリズムとメディカル・ツーリズムはどのように異なるだろうか。

　医療ツーリズムの現状について調査分析し、報告書を作成した日本政策投資銀行の報告書によると、メディカル・ツーリズムを、「医療を受ける目的で他の国へ渡航すること」と定義している（日本政策投資銀行、2010）。また豊田は、メディカル・ツーリズムを「健康促進や治療あるいは保養を目的とした旅」と定義し、「医療関連産業と観光の連携によって産み出された観光形態」（豊田、2007）としている。

　つまり、体を癒す、リラックスする、あるいは健康増進の目的で行う観光がヘルス・ツーリズムであり、病気の検診や治療を目的に外国を訪問し、その国の医療関連産業施設を利用することをメディカル・ツーリズムといえる。

　本書では、広義に解釈し、体を癒す、病気の治療などを目的とした療養のための外国訪問や、医療機関における検診や治療が目的の国外への旅行をヘルス・ツーリズムとし、主にヘルス・ツーリズムを用いるが、適宜メディカル・ツーリズムも併用する。

　ヘルス・ツーリズムやメディカル・ツーリズムは、長期滞在を要することが多く、少なくとも一般観光よりは日数を必要とすることから、宿泊施設の稼働率を高める効果があるともいわれている。加えて、観光消費額も一般の観光より高く、観光収入面においても有効である。

（2）ヘルス・ツーリズムの歴史

　世界におけるヘルス・ツーリズムの歴史は大変古い。まず、ヨーロッパでは、紀元前4世紀頃の古代ギリシャまでさかのぼることができる。ギリシャ東部に位置する港湾都市エピダウロスは医神アスクレピオスの聖地として知られ、地中海全域から巡礼者や病人が集まったといわれている。また、古代ローマ時代にも、温泉保養地としてスパや公共の大浴場が建設され、盛んに利用されていたようである。さらに、18世紀になると、海水浴による健康法が大衆化し、ヨーロッパ各地の海辺にリゾートが開発された。

　日本では、温泉地に長期間滞在し、特定の疾病の温泉療養を行う湯治という治療法がある。この湯治を日本のヘルス・ツーリズムの始まりと言っても良いだろう。また、奈良時代に編纂された歴史書、「日本書記」や7世紀後半から8世紀後半頃にかけて編纂された最古の和歌集である「万葉集」など、歴史的な文献にも温泉に関する記述がある。日本の温泉地は現在でも国内はもちろん海外からも大変人気が高い。

　下関には関釜フェリーがあり、釜山から毎日韓国からの観光客を運んでくる。彼らのほとんどは大型バスでそのまま別府に向かう。韓国でも別府温泉はその名が知られている。

写真28　外国人観光客にも人気の高い別府温泉と湯布院

出所：筆者撮影（2013年12月26日）

　温泉街で行われる温泉を中心としたイベントは「オンパク」（温泉泊覧会の略称）と呼ばれている。別府八湯地域においてハットウ・オンパクと

称し温泉を核とし、ウェルネス産業を起こすことを目的としたプログラム
がある。癒し、健康、エコ・ツーリズムなどをテーマに地域資源を活用し
た総合体験型プログラムを設け、集客・交流を促進している。

2．日本のヘルス・ツーリズムの現状

（1）ヘルス・ツーリズム事例
①熊野古道

　日本で現在行われているヘルス・ツーリズムの事例として、日本ヘルス
ツーリズム振興機構のホームページで紹介されているいくつかを取り上げ
る。取り上げる事例は、現在はヘルス・ツーリズムを実施していない事例
もあるが、過去の取り組みとして紹介する。

　「熊野古道健康ウォーキング」は、世界遺産である熊野古道や温泉、地
元食材など地域資源を活用し「健康と学び」の滞在型プログラムを提供し
ている。和歌山県世界遺産センターによる熊野レクチャーなど学びの要素
も加え、「歩き、学び、遊び、ふれあい、健康になる」「熊野セラピー（熊
野地形療法)」が楽しめるメニューになっている。

　熊野の自然、文化に触れながら五感を刺激し、自然治癒力をたかめるこ
とを目標にし、楽しくウォーキングをするスタイルで、エコ・ツーリズム
やトレッキングツアーに通じる部分もある。エコ・ツーリズムでも、エコ
ツアーガイドが同行するが、このプログラムでも、熊野セラピストという
健康インストラクターが語り部とともに案内している。

　熊野では、世界遺産である熊野古道を歩きながら、熊野の歴史や文化、
自然を紹介する「熊野本宮語り部」が活発に活動している。語り部と健康
インストラクターが同行する熊野古道歩きは歴史や文化を学ぶことに加
え、健康の促進をも目的にしているという意味では新たなツーリズムの形
態であるといえる。また、地域のもてなしイベントも開催されていること
から地域交流にもつながっている。

②薬膳料理と温泉によるヘルス・ツーリズム

　新潟は日本で３番目に温泉地が多い県で、また、500種類以上の薬草が自生しているとされている。その自生している薬草の観察や、豊富な薬草を地域食材と組み合わせた薬膳料理、お茶作りや香りを楽しむ、歴史文化・温泉などを利用した、自然と観光と健康を融合させたものが越後薬膳ツーリズムである。薬草を利用したお土産品も販売している。

　日本のように泉質の良い温泉地に、隣接して山があり、海があるなど、温泉地そのものだけでもすばらしいのに、さらに周辺の自然に恵まれている国はそれほど多くないと思われる。この自然の恵みをヘルス・ツーリズムとして活用することが望まれる。

（２）インバウンド政策としてのヘルス・ツーリズム

　外国人観光客の拡大を国の政策として打ち出してきた日本は、他のアジアの国には遅れをとっているが、近年日本政府もヘルス・ツーリズムに注目し始めた。まず、2009年に観光庁が「インバウンド医療観光に関する研究会」を設置し、医療施設も参加した研究会を開催し、外国人観光客を対象とした医療観光事業の活性化に関する議論を重ねている。

　さらに、2010年、閣議決定された新成長戦略のなかに「国際医療交流」が含まれている。新成長戦略には、アジアの富裕層等を対象にした健診、治療などの医療とその関連サービスを、観光とも連携して促進していくとの国家戦略が掲げられ、その実現のための施策の一つとして、「医療滞在ビザ」の創設が閣議決定された。これを踏まえ、外務省は2011年１月より在外公館において、「医療滞在ビザ」の運用を開始した。具体的には、日本の医療機関の指示によるすべての行為、入院・治療・人間ドック・健康診断・歯科治療・温泉治療を含む療養・高度医療などの各種医療サービスを受けることを目的として訪日する外国人患者とその同伴者に対して、医療滞在ビザを発給するというものである。日本に滞在できる期間は、外国人患者等の病態等を踏まえて決定され、最大６か月としている。中国からの観光客の訪日申請を、団体から個人観光客までに拡大したことに次いで、

画期的な制度である。

（3）旅行業の取り組み

　旅行業の代表的な取り組みとしては、大手旅行会社のJTBが設立したメディカル・ツーリズム専門組織であるJMHC（Japan Medical & Health Tourism Center）の取り組みをあげることができる。JMHCでは医療機関へのコンサルティングや医療機関に代わり、予約手続きの代行から受診までの手続きなどを、旅行会社と連携して行い、通訳や病院までの交通・宿泊手配などを総合的に提供している。JTBが運営しているJMHCと提携して、観光庁の研究会など政府の取り組み事業に参加し、メディカル・ツーリズムを推進している医療機関が少しずつ増えている。

　医療が目的で外国を訪問するメディカル・ツーリズムの用語としては、本書で使用している「メディカル・ツーリズム」の他に、日本政府の新成長戦略で出されていた「国際医療交流」、また、日本政策投資銀行の報告書では「医療ツーリズム」という用語が使われたりしている。さらに「医療観光」とも言われている。韓国ではこの「医療観光」がよく使われているが、意味は同じである。

3．アジアのヘルス・ツーリズム

（1）タイ

　アジア各国の取り組みについてみてみよう。まず、タイはいち早くメディカル・ツーリズムの取り組みを開始している。低価格で日帰り健診から長期治療まで可能である。視力矯正手術、LASIK（レーシック）も盛んに行われている。また美容整形関係の手術も人気を集めている。患者は、欧米、東南アジア、日本人が多く、外国人専用受付を設けるなど外客誘致に積極的である。さらに、各国の旅行博に出展することで、世界にタイのメディカル・ツーリズムをプロモーションしている。

（2）韓国

　韓国ソウルのカンナムと釜山のソミョンには、美容整形医院の建物が並んでいる整形医院街があるくらい、美容整形が盛んである。韓国では、大学の入学祝いに整形手術をプレゼントするなど、整形手術が一般化され、その技術も優れている。このような現状から、宿泊施設と連携したメディカル・ツーリズムが盛んになっている。

　韓国におけるメディカル・ツーリズムへの取り組みとして、医療ビザ発給や「メディカル・ツーリズムコーディネーター」などの人材育成も積極的に行われている。また、ソウルでは、メディカルツアー支援センターを運営するなど、政府や地方自治体も積極的な支援を行っている。さらに、最先端の技術に加え、韓方治療法を導入することで、更なる拡大を図っている。

（3）マレーシア

　マレーシアではイスラム国家であることを活用した戦略が行われている。中東諸国からの来訪者にとっては、同じイスラム国であることから、日常生活、特に食生活における心配が皆無という好条件が人気を集めている。マレーシアでは、多くの医者が海外での医療従事経験を持ち、高度の医療技術を提供できる利点がある。また、近年日本でも海外ロングステイ先として第1位を占めているなど人気が高い。そのためマレーシア政府は海外からのロングステイ誘致に力を入れている。イスラム国という特徴と長期滞在制度を活用し、医療観光の推進に取り組んでいる。

（4）シンガポール

　次にシンガポールのメディカル・ツーリズムをみてみよう。シンガポールの公用語は英語だが、中国語など多言語を使用する国の特徴をフルに活かして、メディカル・ツーリズムを有利に積極的に展開している。先進的な医療機器や医療品の開発が進み、医療インフラの整備にも力を入れている。

4．ヘルス・ツーリズムの課題

（1）日本らしさの提供

　環境省自然環境局が発表した「平成30年度温泉利用状況」によると、日本の源泉総数は27,283か所、宿泊施設数は、12,875施設で、30年度延宿泊利用人員数は130,563,552人とされている。このように、日本は温泉大国であり、スタッフのサービスも世界一であると筆者は思っている。こうした、ホスピタリティ精神の強みを活かした、国内外のヘルス・ツーリズム観光客の集客がのぞまれる。安心・安全が保障される「温泉＋医療＋観光」を世界に強く発信していこう。

（2）受け入れ体制整備および認識の共有

　すでに日本政府は、医療を目的とした入国の緩和を実施しているが、まだ不十分なところがある。医療設備が整備されていない諸外国の富裕層に限定している入国システムの緩和が日本のヘルス・ツーリズムの発展につながる。

　加えて、医療機関の受け入れ体制の改善も課題になっている。日本は、MRI、CTスキャン、PET、FDGなど優れた装置があり、医療サービスの充実で世界屈指の医療設備を誇る。また、一部の国と比較した場合、医療費用の節減が可能であるため、十分競争できる。

　しかし、国際ヘルス・ツーリズムの発展に対する政府、地方自治体など行政や医療機関の関係者の認識が必ずしも高いといえる状況ではないことも事実であろう。国内外のヘルス・ツーリズム観光客拡大に対する認識の共有が課題になっているといえる。

（3）人材育成と活用

　諸外国の事例でみてきたように、医療知識と観光サービスの能力を持つ人材の育成がヘルス・ツーリズムを推進するうえでは欠かせない課題に

なっている。ヘルス・ツーリズムのみならず、観光産業においては、担い手になる人材育成が必須になっているが、とりわけ、ヘルス・ツーリズムにおける人材育成と活用が急がれる。

　日本には、諸外国からの留学生やその家族の滞在数が年々増加している。こうした留学生やその家族をヘルス・ツーリズムの推進に活用することも考えられる戦略であろう。

おわりに

　メディカル・ツーリズムにおいて重要な役割を果たしているのがメディカル・ツーリズムコーディネーターである。もちろん医療現場と直接かかわる医師や看護師などの存在の重要性はいうまでもないが、人の命を扱うメディカル・ツーリズムにおいては、治療や検診を希望する側（ゲスト）と医療や検診を提供する側（ホスト）を結びつけるメディカル・ツーリズムコーディネーターの役割はとても大きい。さらに、外国からの受け入れが主であるメディカル・ツーリズムの現場においてはコーディネーターの存在がなくては成立しないといっても言い過ぎではないだろう。その人材育成がメディカル・ツーリズムの今後の課題となっている。

◆まとめ◆
1. ヘルス・ツーリズムの歴史は古い。
2. 日本でも積極的に推進されている。
3. アジア各国では早くからメディカル・ツーリズムが推進されてきた。
4. 日本らしさの提供、受け入れ体制整備、人材育成が課題となっている。

参考文献
千葉千枝子（2011）『観光ビジネスの新潮流』学芸出版社。
◇日本政策投資銀行（2010）『進む医療の国際化』。
◇豊田三佳「メディカルツーリズム」、山下晋司編（2007）『観光文化学』、新曜社。

参考Webサイト

環境省温泉と保養ホームページ〈https://www.env.go.jp/nature/onsen/index.html〉（2020年11月3日閲覧）。
NPO法人日本ヘルスツーリズム振興機構ホームページ〈https://www.npo-healthtourism.or.jp/about/〉（2020年11月3日閲覧）。

第10章

フード・ツーリズム

はじめに

　国土交通省観光庁が訪日外国人を対象に毎年行っている消費動向調査では、「日本旅行中に行ったこと」のなかで「日本食を食べること」が、毎年１位になっている。また、再訪問したら実施したい活動でも「日本食を食べること」が１位になっている。このように、観光地域の食べ物を食べることは観光動機の主たる要因にもなっており、もっとも重要な観光活動になっている。もはや食を楽しむことは大きな観光現象であることは間違いない。

　本章では、フード・ツーリズムとは何かについて、先行研究を参考にしながら提示する。そのうえで、旅行商品としてのフード・ツーリズムやフード・テーマパーク、宿泊施設におけるフード・ツーリズムの試みなどフード・ツーリズムの多様な事例を取り上げる。

　さらに、食・食文化をテーマにしたイベントについてその開催要因および課題について提示する。最後に、観光現象としてのフード・ツーリズムについて考察していく。

１．フード・ツーリズムの定義

（１）フード・ツーリズムの定義

　フード・ツーリズムは、食や食文化を用いた観光形態である。尾家は

「フード・ツーリズムとは、食を観光動機とする観光行動であり、食文化を観光アトラクションとする観光事業である」（尾家、2010）と定義している。大阪の新世界は「二度づけはあかん」の言葉で全国的に有名になった串カツの店が何軒かある。尾家は、その大阪新世界の串カツの事例からフード・ツーリズムの構成要素を、「食文化の形成」、「食文化の伝承とビジネスの展開」、「観光クラスター」、「食材と調理」、「地域文化の体験と記憶」としている（尾家、2008）。

　食と食文化と関わるほぼすべての観光活動がフード・ツーリズムといっても過言ではない。それほどフード・ツーリズムの範囲は幅広いといえる。

（2）フード・ツーリズムの定着

　「食と観光の関係に着目した観光事業、つまりフード・ツーリズムへの関心はこの数年間で、世界的に急速に高まりつつある」（尾家、2008）としているが、現在は、観光事業において食や食文化をテーマにしたフード・ツーリズムは定着しているといえる。

　加えて、食や食文化を素材にしたイベントが多く創られるようになった背景には、地域活性化や観光客誘致のために新しいイベントが必要になってきたことがある。地域における有名な特産物が身近に手に入り、素材として利用されることになり、それぞれの特産物を使った食や食文化をテーマにしたイベントが開催されるようになった。そしてその食を求めて、遠くからも観光客が訪れるようになった。

　また、産地偽装や輸入食品関連で、食の安全性が社会問題になったこともある。韓国においても輸入食品への不安などから地元の安全な食に関心が高まっている。こうしたことから地域の食材を利用した食のイベントが注目を集めている。さらに、今までは単に経済的な収入の手段に過ぎなかった地域の特産物が、祭りの素材としての価値を認識されるようになり、それがイベントの開催につながっている。伝統的な祭りでは地域住民が参加しにくい側面もあるが、誰でも地域の特産物を販売できる、買えるイベントには積極的に参加できるという利点がある。

日本でも自由貿易協定（FTA）加入が議論されているが、韓国でも海外からの食の輸入の拡大により、農村、漁村では収入面において打撃を受けている。また、急速な産業化と巨大資本参入により、小単位の個別農家で構成された農村地域は所得が減少したため、農業、漁業生産以外での収入源が必要になり、その対策案として食のイベントが浮かび上がっている。

2．日本のフード・ツーリズム

（1）訪日外国人とフード・ツーリズム

　前述したように、日本を訪れる外国人観光客が、訪日前に最も期待することは、日本食を食べることである。外国人観光客のみならず、日本国内観光客においても、その地域の食を楽しむ、食や食文化を素材にしたフード・ツーリズムが定着しているといえる。

単位：％

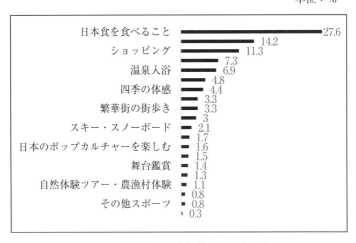

図４　訪日前に最も期待していたこと

出所：『訪日外国人の消費動向2019年年次報告書』p.24を参考に筆者再作成。

（2）旅行商品としてのフード・ツーリズム

　JTB中国四国が企画し、実施した「やきとり列車」は、電車を貸切り、焼きたてのやきとりを食べながら、地元産のお酒を飲み、観光名所や温泉に泊まる1泊2日の旅行商品である。地元のおもてなし、グルメが各駅で堪能できることが売りものになって人気を集めている。

　また、阪急交通社が実施したヨーロッパ・クリスマスマーケット2013は、ドイツ、中欧、フランスなどのクリスマスマーケットをめぐるツアーで、ツアーパンフレットではドイツのクリスマス名物のグリューワインと焼きソーセージなどが食べられるグルメを満喫できることを前面に出している。

　台湾はどこで食べてもおいしいといわれるくらい、食には人気があるところで、おいしいし、値段も安いことから観光名所よりも食事の魅力の方が勝っている。

（3）フード・テーマパークの観光化

　新横浜ラーメン博物館は日本で最初のフードをテーマにしたテーマパークである。現在は様々なフード・テーマパークができているが、それぞれに特徴があり、その人気は今も衰えていない。

　また甘党にはとても魅力的なスイーツブームがあった。東京の池袋にある「デザート共和国」では、クレープ、チーズケーキ、モンブラン、タルト、チョコレートケーキ、プリン、ショートケーキなど、それぞれの名店が一堂に会し、その場で味わうことができる。会場の入り口には世界中のデザートが集まる「デザートガーデン」があり、シーズン毎にテーマを変え、期間限定のイベントが行われた。

　餃子の年間消費支出金額で浜松市と争っている宇都宮市には「餃子のテーマパーク」がある。27の餃子店舗が集まっていてそれぞれの店の味を味わうことができる。宿泊したホテルでは餃子のテーマパークで餃子が食べられるサービス券を配ったりして、観光客を誘っている。

　4年に一度、国際見本市会場、インテックス大阪で開催されている「大

阪食博」はゴールデンウィーク期間中に開催されることもあり、60万人近くの入場者を記録している。世界中の食べ物が集まっていることから1日中楽しめるイベントとして人気がある。

（4）宿泊施設におけるフード・ツーリズム

　宿泊施設におけるフード・ツーリズムについて広島県北広島町の民宿「あるぺん屋」の取り組みからその可能性を見出すことができる。あるぺん屋では、宿泊客に食事を提供するのはもちろん、独自の「どぶろく」を作り、希望する宿泊客には提供し、また、物産展などでも販売している。

写真29　あるぺん屋で食事を楽しむインバウンド宿泊客

出所：筆者撮影（2014年4月25日）

　韓国など海外からのインバウンドの宿泊客も多く、NHKをはじめ地域のテレビ局などマスコミからも頻繁に取り上げられている。豊かな自然と美味しい食べ物がマッチした宿泊フード・ツーリズムとしては最適であると評価できる。新型コロナウイルス感染拡大により韓国をはじめ外国からの観光客の受け入れはできなくなったものの、国や県などの支援策や独自のクラウドファンディングを利用した国内宿泊客の集客に力を入れている。

3．フード・ツーリズムイベント

（1）酒祭り

　広島県東広島市西条では「西条酒まつり」という祭りが毎年開催されている。酒どころ西条で開催されるこの祭りには、必ず救急車で運ばれる人が出る。西条のお酒を味わえることに加え、全国のお酒の飲み比べもでき、美酒なべという日本酒を使った宴会鍋が人気である。

（2）海産物をテーマにしたイベント

　下関ではふぐが特産物になっていて、毎年「ふくの日まつり」が開催されている。無料でふるまわれるふぐ鍋はとても人気があり、庶民の食卓にはなかなかあがらないふぐ料理を身近で楽しむことができる。また、「さかな祭」も下関近隣海で取れる新鮮な魚が安く購入でき、食べることもできる。

　韓国の第2の都市、釜山で開催される「チャガルチ祭り」は、第1回が1994年に開催され、毎年10月中旬に4日間行われている。チャガルチ祭りは、新鮮な海産物が豊富な韓国釜山市のチャガルチ市場周辺を中心に、2019年には28回目をむかえ、10月中旬に4日間開催されている。釜山市の主催で文化体育観光部などが支援している。海や水産物に関連する展示や体験プログラムが中心であり、出漁祭りや竜神祭りなど古くから伝わる海にまつわる儀式がプログラムに含まれている。海鮮市場が会場にもなっていることから新鮮な刺身などを試食することもできる。

（3）キムチ祭り

　「世界キムチ文化祭り」は、韓国の光州市で開催されている。最初の開催年は1994年で、毎年、10月中旬に5日間開催されている。キムチ祭りが行われているこの地域は、古くから塩辛などの海産物や大根や白菜など農産物が豊富な地域として知られている。食品材料が多く生産され、食べ物

が美味しい「味の故郷」ともいわれ、食文化が発達している地域である。

　このような地域の強みを背景にキムチを広く発信し、キムチ産業の発展や観光商品化を期して、キムチ祭りが開催されるようになった。体験プログラムとして国内外の人を対象にしたキムチ作りがある。かつては各家庭で作られていたキムチだが、現在では家庭ではあまり作らなくなり、キムチが作れない人も多くいる。キムチが作れない人々にとっては、良い体験の場となっている。

　また、キムチの優秀性を広める役割を果たしている「キムチ五感博物館」では、キムチの歴史などを知る場となっている。この世界キムチ文化祭りは海外でも開催されている。文化体育観光部、農林水産部、保健福祉家族部、韓国観光公社、韓国食品研究院などの支援を受けて光州市が主催している。

４．フード・ツーリズムの課題

（１）地域の特性の維持

　食や食文化をテーマにしたイベントは、地域、とりわけ農村、漁村地域の活性化や集客に貢献している。しかし、課題も抱えている。まず、プログラムの問題をあげることができる。どこも同じようなプログラムにより、マンネリ化が問題となっている。その地域の特徴や個性を活かした地域住民はもちろん都市住民の興味を引くような新しいプログラムの開発が必要である。

　また、祭りとは関係のない、美人選抜大会や芸能人を招待しコンサートなどを開き、観客を集めているイベントもみられるが、その地域の特徴や個性を活かした内容で構成されるべきである。

（２）受け入れ体制の整備

　物を売るだけではなく、文化を紹介し、体験できるイベントは大きな魅力であるが、情報収集が難しく、日程が決まるのが遅い。田舎に行けば行

くほど交通のアクセスが悪く、場所の移動が難しいことが多い。情報提供やアクセスの利便性など受け入れ体制の整備が課題になっている。

（3）サービスの向上

　サービスに関連する課題は食のイベントに限らず、多くのイベントが抱えている問題でもあるが、特に食のイベントにおいては、食品の衛生上の問題やイベントとは関係のない商品の販売、イベントの担い手の不親切、高い販売価格などが課題となっている。

（4）担い手の確保

　フード・ツーリズムの企画、運営をする担い手の問題がある。商工会議所など行政がイベントを企画し、人的支援や予算支援が行われている場合が多いため、純粋な民間主導が少ないのが現状である。行政主導ではなく、地域の住民が積極的に主導していくことが祭りの成功のひとつの要因にもなり得る。

（5）継続性

　フード・ツーリズムの実施の継続性も課題になっている。例えば、食に関連するイベントもブームとして一過性に終わるのではなく、継続していく努力が重要である。

（6）安全性の確保

　最後に、食をテーマにしたフード・ツーリズムでは、人の口に入るものなので、衛生面などは他のツーリズムに比べてその安全性はなにより大事であるといえる。

おわりに

　今までみてきたようにフード・ツーリズムの現象は多様性をもち、幅広

く観察することができる。観光現象としてのフード・ツーリズムについて
尾家は、「観光地のフード・ツーリズムとしては、グルメ旅行商品、観光
旅館・温泉旅館の会席料理、名物料理・郷土料理などをあげることができ
る」とし、「B級グルメとご当地グルメ、B-1グランプリやマップによるプ
ロモーションがある」としている（尾家、2010）。

　都市のフード・ツーリズムとしては、エスニック・ツーリズムでも取り
上げた、コリアンタウンや中華街など専門料理店集積地がある。また、表
通りから横へと入った細い路地を横丁という。最近は、開発などによりこ
のような横丁は少なくなっているが、いまだにサラリーマンなどのロマン
の場所にもなっている。福岡には200近くの屋台があり、観光資源として
の屋台文化が現在も維持されている。

　観光現象としてのフード・ツーリズムでは、事例でもあげたフード・
テーマパーク、文化財レストラン・カフェ、食べ歩きツアー、フード・フェ
スティバル、食品産業ツアーがあり、地方のフード・ツーリズムとしては、
地産地消レストラン、農家レストラン、漁港と朝市がある。

　さらに、宿泊付きレストランの意味でオーベルジュがある。わかりやす
く言えば、漁村の民宿のように漁師が魚を捕ってきて、料理をしてくれる
ことで、農家レストランに宿泊施設がついている、あるいは民宿にレスト
ランがついている、宿泊施設よりレストランをメインにしていることが特
長といえる。また、ワイナリーめぐりやリゾートホテル、クルーズ船など
が地方のフード・ツーリズムの観光現象としてあげられる。

　フード・ツーリズムにおいても単に食べ物を提供する、食すだけではな
く、食を通して、ホストとゲストの交流が生まれることで食文化の理解を
深めることができると言えよう。

◆まとめ◆

1. 食を動機とする観光、食や食文化を観光魅力とする観光事業がフード・
　 ツーリズムである。
2. 様々なフード・ツーリズムがある。

3．食・食文化をテーマにしたイベントの開催要因には、地域の特産物の活用の可能性があった。
4．食・食文化をテーマにした課題は、地域の特性の維持や食の安全性の確保があげられる。

参考文献

朴恩我・李良姫（2008）「韓国伝統菓子の地域観光ブランド化の現状と課題」『日本地域政策研究』（6）pp.153-160。

李良姫（2009）「韓国における食祭りの現状と課題」『大阪観光大学観光学研究所所報 観光&ツーリズム』第13号、pp.25-33。

尾家建生（2010）「フード・ツーリズムについての考察」『大阪観光大学観光学研究所所報観光&ツーリズム』第15号、pp.23-34。

尾家建生（2008）「大阪・新世界の串かつに見るフード・ツーリズムの構成要素」『大阪観光大学観光学研究所所報 観光&ツーリズム』第13号、pp.104-111。

観光庁（2020）『訪日外国人の消費動向－訪日外国人消費動向調査結果及び分析－2019年年次報告書』。

参考Webサイト

B-1グランプリホームページ〈https://www.b-1grandprix.com/about/〉（2020年11月3日閲覧）。

第11章

ロングステイ・ツーリズム

はじめに

　ロングステイというと海外で長期間滞在することをイメージするが、日本国内でもロングステイは実施されている。国内の宿泊日数を増やすためには国内ロングステイの積極的な推進が必要であろう。特に、新型コロナウイルス感染拡大など国際状況により自由に海外に出国することができなくなることもあり、従来の海外におけるロングステイに限定するのではなく、国内におけるロングステイ・ツーリズムの模索が急がれている。

　本章では、ロングステイの定義について一般財団法人ロングステイ財団が提示している定義を中心にまとめる。そのうえで、沖縄など日本国内のロングステイの現状についても把握し、比較的に早い時期からロングステイが実施され、日本人にも根強い人気があるハワイをはじめ各国のロングステイの取り組みについて紹介する。さらに、沖縄など日本国内のロングステイについて紹介する。最後にロングステイ・ツーリズムの課題および可能性について提示する。

1. ロングステイ・ツーリズムの定義

（1）一般財団法人ロングステイ財団の概要

　一般財団法人ロングステイ財団（以下ロングステイ財団）は、1992年2月に通商産業省（現在の経済産業省）の認可を受けて設立された公益法人

である。日本は前回の東京オリンピックが開催された1964年に海外旅行が自由化されたが、その海外旅行の形態も時代の変化に伴い多様化してきた。

　初期の海外旅行は団体旅行が一般的だったが、現在は個人旅行が多くなっており、海外旅行滞在期間も長くなっている。このような旅行のスタイルの変化を受けて、ロングステイ財団が誕生したといえる。

　ロングステイ財団ではロングステイに関連する様々な活動を行っている。代表的な活動としては、ロングステイにかかわる調査研究、ロングステイ調査統計などがある。ロングステイ財団が出した調査研究や定義などは観光学の教科書をはじめ多くの論文や書籍で引用され、また、季刊情報誌『LONGSTAY』を発行し、ロングステイに関する情報を発信している。

　このようにロングステイ財団は、ロングステイの普及・啓発活動を展開し、そのロングステイに対する理解を深めることに力を入れている。

（2）ロングステイの定義

　ロングステイ財団はロングステイを、「海外」と「国内」の二通りに分けて、それぞれを定義している。

　まず、「海外においては、生活の源泉を日本に置きながら海外の1か所に比較的長く滞在し（2週間以上）、その国の文化や生活に触れ、国際親善に寄与する海外滞在型余暇を総称したものである」としている。

　また、「国内においては、主たる生活の拠点のほかに、日本国内の他の地域で比較的長く（1週間以上）あるいは繰り返し滞在し、その滞在地域の文化慣習を遵守しつつ地域文化とのふれあいや住民との交流を深めながら滞在するライフスタイルをいう」としている。

　つまり、海外における長期滞在、ロングステイというのは、生活の拠点を日本に置いて、あくまでも日本に居住していることを前提としている。海外への移住や永住のように生活基盤を完全に海外に移すこととは異なるわけで、ロングステイは帰ることができる家が日本国内にあるということになる。

　一方、最初は旅行のつもりがその地が気に入って、次第にロングステイ

になり、ロングステイが永住になったという形態もあり得る。さらに、ロングステイの滞在期間については議論の余地はあるが、ロングステイ財団では海外の1か所に比較的長く滞在するとしている。比較的長くとは、2週間以上というのが一般的である。

そうすると13日はロングステイといえないとか、10日ではロングステイといえないのかという反論もありそうだが、定まった日数よりは、イメージとして比較的長いと思われる日程で滞在することを指すのではないだろうか。また、ロングステイ財団ではその国の文化や生活に触れることや現地社会への貢献を通じて国際親善に寄与することを滞在意義としている。

千葉は、海外ロングステイを「旅と暮らしの進化形」としている。「団体旅行などで訪れた地を再び訪ね、ホテルではなく、キッチン付きの長期滞在施設で自炊しながら、語学レッスンやゴルフなどを楽しみ、滞在先を拠点に小旅行をするなどの観光行動が延長線上にあるため、ロングステイは旅と暮らしの進化形といえる」(千葉、2011)と主張している。

ヨーロッパなどでは長い夏休みが取れるため、このような観光形態は一般的といえる。しかし、2週間以上の休暇を取ることは会社勤めの一般の日本人にとっては難しいことで、そのような理由からやはり退職者がその対象になることが多い。

さらに、千葉は「海外ロングステイをリタイア後の選択肢の一つとして中高年層を中心に関心を集めたライフスタイルで、滞在期間は3ヶ月未満の無査証滞在から数年間の退職者移住まで多岐に渡る」(千葉、2011)としている。こうしたことから移住や永住までもロングステイに入るのではないかと思われがちだが、あくまでも日本に帰ってくる、日本に拠点をおいていることが前提となっている。

千葉がいうような海外と日本を行き来することがロングステイの特徴といえる。しかし、その場合には、帰るべき家が日本になければならず、経済的な面での負担も考えられるが、二つの国を俯瞰的にみられるというライフスタイルは魅力的かもしれない。

（3）ロングステイ・ツーリズムの定義

　小野は「ロングステイ・ツーリズムとは、長期滞在型の海外観光で、とりわけ退職者や年金生活者が第二の人生を海外で過ごそう、ということである」としている（小野、2007）。海外の物価が日本より比較的安く、円高や安定的な年金が保証された時代には、年金だけで海外で生活することはそれほど難しくなかった。しかし、アジアを中心とした海外の物価もあがったことから、年金だけが頼りの海外での暮らしも容易ではなくなりつつあるのが現状といえる。こうしたことからロングステイを断念するケースも生じてくる。

２．日本のロングステイ・ツーリズム

（1）沖縄のロングステイ・ツーリズム

　日本国内で最も早くから活発にロングステイ・ツーリズムが行われているところとしてやはり沖縄があげられる。沖縄には花粉症が発生しないそうで、そのため花粉の季節には人気がある。

　日本は縦に長いので同じ国内でも各地で気候に変化があって、外国が苦手な人には国内ロングステイも魅力的だといえる。また温暖な気候や長寿で知られている沖縄ならではの健康に良い食文化も長期滞在の要因になっている。季節的には夏休みシーズンや、温暖な気候のため冬にも人気がある。その上、マリンスポーツやゴルフなどを楽しむことができるので年間を通して訪れる人が多い。豊かな自然、健康的な食文化、また、明るく楽しい伝統芸能なども沖縄の魅力といえる。

（2）民宿のロングステイ・ツーリズムとしての可能性

　広島県北広島町は、かつて冬のスキー客による地域の民宿でのロングステイが盛んであった。近年は、スキー人気の低迷や雪不足により減少したもののスキー合宿は、長い場合は１カ月間滞在になる。

　筆者は、この地域でインバウンド観光の受け入れを通じた観光振興など

について長年現地調査を行ってきた。海外の観光客からも都会より日本らしい体験ができる田舎の民宿を体験することについて大変評価が高い。現在、コロナ禍において大変厳しい状況が続いているが、北広島町でコロナ収束後には、訪日外国人の受け入れなど長期滞在できるプログラムの提供などがなされれば、ロングステイ・ツーリズムとしての可能性を秘めている。

3．海外のロングステイの現状

（1）ハワイ

　ハワイは、日本語が通じやすい、日本から近い、気候がよい、治安がよい、医療水準が高い、交通機関が便利、人種差別が比較的少なく親日的であることから、日本人には根強い人気がある。ロングステイ財団が調査している統計によると、ロングステイ希望滞在地域でハワイは1993年には1位であった。最近の調査ではアジア諸国が日本人のロングステイ希望滞在国の上位を占めるようになり、ハワイは2位になっているが、ロングステイが始まった頃はやはりハワイやカナダ、オーストラリア、アメリカの西海岸が上位を占めていた。また、ハワイでは語学研修やゴルフなどのエンターテイメントを楽しむことができてロングステイ滞在地域としては最も適合している。ゴルフを楽しんだりフラダンスを習ったりして生活を楽しんでいる。

（2）台湾

　台湾は2009年までのロングステイ希望滞在国の調査では10位までのリストに入っていなかったが、近年、台湾政府や地方自治体、観光関連機関がロングステイの誘致を積極的に行っている。2006年に台湾政府および、地方自治体、研究機関などにより「台湾ロングステイ協会」が設立された。その目的は外国人の長期滞在観光客に対して、台湾におけるロングステイの環境の整備および情報を提供することとしている。

　日本から近い、気候が良い、日本語が通じるといった強みを活かした誘

致戦略を行っている。台湾ロングステイ協会では、個別下見ツアーをロングステイの同伴者としてはもっとも多い夫婦をはじめ友人などの小グループを対象に行っている。スケジュール、滞在日数、滞在都市など、全てを参加するグループが自由に設計・選択できる完全自由なシステムとなっている。グループではなく一人からでも実施可能であるとしている。

（3）マレーシア

　マレーシアはハワイやオーストラリアを抜いて2006 ～ 2010年度の５年連続で「ロングステイ希望滞在国」第１位に選ばれた。マレーシアが人気がある理由として、マレーシア政府観光局は、国民が親日的であり、また国民性も穏やかで治安もよいことを挙げている。また、ビーチや高原、熱帯雨林など都市によって様々な滞在スタイルがあること、マレー系、中国系、インド系と先住民族が住む多民族国家で、１つの都市に滞在していても様々な文化や料理が楽しめることを挙げている。さらに、多民族国家のため共通語として英語が広く使用されており、言葉の心配が無いこと、主要都市では道路や病院、宿泊施設も充実していることを提示している。生活水準は日本と大差が無いのに、物価は日本の約３分１ということだ。実際、マレーシアにロングステイしている日本人からの評価もとてもよい。

　マレーシアは観光や商用目的の場合、特別なビザは必要なく１度の入国につき90日まで滞在が許可されている。この90日以内の滞在が一般的だが、近年はマレーシア・マイ・セカンド・ホーム（MM2H）プログラムでビザを取得して、長い期間マレーシアに滞在している人も増えているとマレーシア政府観光局は述べている。90日を超えての滞在は、MM2Hプログラムでビザを取得すれば最長10年の滞在許可が与えられる。

　MM2Hプログラムは、最長10年間滞在が可能なビザで、この期間は何度でもマレーシアに出入国する事ができる。ビザ取得者にはいくつかの特典も与えられている。また、許可があれば10年後以降の更新も可能で、永住ではないが、移住に近い生活ができる。申請条件としては保証金制度などがあるが、その規制は最近緩和されつつある。マレーシアはいち早くロ

ングステイの誘致に取り組み、成果も出している。

（4）タイ

　タイもまた日本人のロングステイ希望国の上位に名を挙げている。仏教国で米食、大家族制で目上や年配の人を大事にするタイ人の意識は、日本人のそれとも似ている。もちろんタイマッサージや寺院見学、ゴルフなどが目的でタイを訪れる日本人観光客も多いが、ロングステイ先としてタイが人気を集めている理由として、タイ観光局は以下の理由を挙げている。

　まず、おもてなしの心、ホスピタリティ豊かな癒しの国であること、仏教国であるため人々がおだやかで、親日的であることを挙げている。また、日本企業のタイへの進出も多く、短期出張などで滞在する人を入れると78万人にものぼること、日本人学校に通う生徒も1,500人以上と、日本人コミュニティがあり大変住みやすい環境であることを挙げている。

　さらに、滞在費用がリーズナブルであることや医療水準が高いことは強みであると思われる。

（5）韓国

　2005年からの韓流ブームによって日本人の中高年の女性が単身で韓国に長期滞在する傾向があった。ソウルでは、ハワイなどのリゾート地によく見られるコンドミニアム形式の長期滞在用宿泊施設とレジデンスがある。レジデンスとコンドミニアムには自炊設備や洗濯機などが備えてあるので、彼女らはレジデンスやコンドミニアムに滞在しながら、ドラマや映画のロケ地を訪ねる旅や韓国食文化体験をしたり、短期間の語学研修にも参加している。海外ロングステイの多くが夫婦で一緒に参加するのに対して、韓国の場合は女性一人で参加することが多い。新たなロングステイのスタイルともいえるだろう。

４．ロングステイ・ツーリズムの課題

（１）受け入れ体制の整備

　千葉は、国内ロングステイ・ツーリズムの課題についてまず、「受け入れ地と出発地の一体型プロモーション」を挙げている（千葉、2011）。観光客を受け入れる地域が観光を企画し運営する着地型観光はロングステイ・ツーリズムに限らず推進されている。

　受け入れる地域だけでは効果的な観光客誘致や運営は難しい。そのため、観光客を送る側と受け入れる側が一体となって情報を発信し、広報活動を行う必要がある。

（２）広域連携の構築

　すでに観光名所として知られている有名な観光地ではなく、今まであまり観光客が訪れていない地域、つまり観光過疎の地域を広域観光の拠点とし、周辺観光地と連携したロングステイの推進が望ましい。

（３）ニーズの多様化に対応

　滞在客と受け入れ側の両側において、負担の軽減や長期滞在観光客の多様化に合わせた食事と宿泊を自由に選択できるようにすることは、需要を拡大させることに繋がる。滞在客にとっては、必要としない食事を無しにする選択ができ、受け入れ側においても食事の提供という負担を軽減でき、受け入れしやすくなる。

（４）多様なプログラムの提供

　長期滞在すると飽きてくる。この飽きを防ぐための多様なプログラムの提供や交流の機会を与えることが望ましい。

（5）社会情勢の変化に対応

　新型コロナウイルス感染拡大により、観光のスタイルは大きく変化した。この変化に対応した受け入れ対策を行い、コロナが収束したポストコロナ社会における新たなロングステイ・ツーリズムを模索していかなければならない。

おわりに

　ロングステイの今後の可能性を考えると、まず、多様なスタイルのロングステイの普及が望まれる。滞在期間も日数の長短にあまりこだわらず、柔軟に考えるべきである。また、滞在スタイルもただ生活する、周辺地域を観光するだけではなく、様々な活動へと発展させていくべきで、国際交流や貢献に加え、ある程度の収入を滞在先で得ることも可能になれば、ロングステイに展望が開かれるだろう。さらに、長期滞在による地域活性化の可能性もある。

　ロングステイが日本国内観光客の宿泊数を増加させ、またそれが地域の活性化に繋がってゆく。加えて、長期滞在することで短期間の滞在よりもホストとゲストの観光を通した交流の場を拡大することができる。地域の活性化および交流を図るためのひとつの手段としてロングステイは有効である。

　さらに、新型コロナウイルス感染拡大により観光のスタイルが変化すると共に、ロングステイにおいても滞在先が海外から国内へ、遠方から近隣地域へと変化を余儀なくされている。こうした変化に対応していくことがロングステイ・ツーリズムの成功のカギとなっている。

◆まとめ◆

1．本拠地以外の場所で長く滞在することがロングステイである。

2．アジア各国では積極的にロングステイが推進されている。

3．ホストとゲストの交流にはロングステイが有効である。

4．新型コロナウイルス感染拡大によりロングステイも変化する。

参考文献・資料

小野真由美（2007）「ロングステイ・ツーリズム第2の人生は海外で」、山下晋司編『観光文化学』新曜社。

小野真由美（2019）『国際退職移住とロングステイ・ツーリズム——マレーシアで暮らす日本人高齢者の民族誌』明石書店。

一般社団法人ロングステイ財団（2019）『ロングステイ調査統計2019』。

千葉千枝子（2011）「旅と暮らしの進化形　ロングステイ」、『観光ビジネスの新潮流』、学芸出版社。

参考Webサイト

一般社団法人ロングステイ財団ホームページ〈http://www.longstay.or.jp/about/history/〉（2020年8月28日閲覧）。

第12章

人口減少・少子高齢化と観光

はじめに

　2019年訪日外客数は3,100万人に達した。一方、日本人の国内観光客数は伸び悩んでいる。経済不況や景気に対する先行きの不安などが観光客数の減少の要因と考えられるが、人口減少・少子高齢化が国内観光客数の減少に影響している点も大きいといえる。

　現在の日本の現状からみれば、人口減少・少子高齢化による観光客数の減少は今後ますます進んでいく傾向にあり、その結果、観光消費額の減少も予想される。こうしたことから、新型コロナウイルスの収束後は、訪日外国人受け入れのマーケティングを再び積極的に推進し、外国人観光客数の増加の期待も高まるだろう。現在も、入国は制限されているものの、新型コロナウイルス感染の収束後の海外からの観光客の確保のためのプロモーション活動は引き続き行われている。

　本章では、人口減少・少子高齢化が観光客の減少や観光産業に与える影響を分析する。加えて、人口減少・少子高齢化を克服するための地域の取り組みの事例を紹介し、観光振興の成功要因および効果について述べたうえで、人口減少・少子高齢化社会における観光振興の課題を提示する。

1．人口減少・少子高齢化が観光に与える影響

（1）若者の海外出国者数の減少と人口減少・少子高齢化

　観光関連学会や観光関連産業では、国内外を問わず若者が旅行をしなくなったという議論がなされている。とりわけ、1996年には20歳から29歳までの出国日本人数は、463万人だったが、2014年には270万人に減少している。この世代の出国者数の減少については「若者の海外旅行離れ」の要因もさることながら、この世代の人口減少も要因のひとつになっている（西村・高井・中村、2014）。

　総務省統計局の人口推計によると、1996年に20歳から29歳までの日本人数は1,882万人であったが、2019年は、1,425万人と約450万人の減少となっている。このことから日本人の若者の海外出国者数の減少には世代人口の減少にも因るものであることがわかる。

（2）観光産業への影響

　人口減少・少子高齢化が観光客および観光地に影響を与えたことに加え、観光関連産業にも影響が及んでいる。とりわけ、観光客と観光地を繋げる役割を果たしている旅行業者総数は減少を続けている。2011年10,240社であった旅行業者総数は、2015年4月には、9,884社となっている（公益財団法人日本交通公社、2015）。

　旅行業者総数の減少は景気低迷などにも影響されているが、人口減少・少子高齢化もひとつの要因であろう。旅行業者以外の宿泊業や交通業においては、訪日外客数の増加によりカバーされている部分が大きいが、国内観光客およびアウトバウンドつまり日本人対象の海外旅行が主な販売源である旅行業者にとってはかなり影響があると思われる。

　本章で取り上げる広島県山県郡北広島町では、1990年113軒あった旅館民宿数が2015年12月には25軒に減少している。旅館民宿数の減少は、主な宿泊客であるスキー客の減少に因るものもあるが、民宿経営者の高齢化に

因るものが大きい。2020年現在、旅館民宿経営者の平均年齢が70歳を超えており、高齢化が進行している。このままでは旅館民宿の廃業は今後もますます進むと思われる。

２．人口減少・少子高齢化を克服するための地域の取り組み

（１）インバウンドの推進

　北広島町は、広島県の芸北町・大朝町・千代田町・豊平町の４町合併により2005年に発足した。2015年11月の人口は19,453人で、以来住民人口の減少が続いている。その上、2005年に32.3％だった65歳以上の人口が、2010年には33.6％、2015年は36.5％となっており、高齢化も年々進行している。

　一方、この地方には豊かな自然やユネスコ無形文化遺産にも登録されている伝統文化が保存されており、2014年には人口の100倍以上にあたる年間約240万人の観光客が訪れている。特に、2011年にユネスコの無形文化遺産に登録された「壬生の花田植」は、祭り（毎年６月の第１日曜日に豊作を願って行われる伝統行事）の開催日には約１万人を超える見物客が訪れており、花田植に関連する様々な観光商品が開発されている。

　外国人観光客の誘致にも積極的で、2009年からは中国・台湾からの修学旅行生を受け入れ、2010年には韓国人ツアー客の誘致を開始し、成果を上げている。2012年以降は日中関係の悪化により中国からのインバウンド観光客の受け入れは中断されているが、韓国および台湾からのインバウンド観光客は2015年現在も継続している。2009年92人で始まったインバウンド観光客の受け入れは、７年間で合計1,676人に達した。

（２）教育プログラムの実践

　「北広島町農山村体験推進協議会」は北広島町内の民宿組合やバス会社などの地元観光関連産業と商工会や観光協会の地域団体、北広島町の自治体が参加して運営されていて、2008年からは小学生の体験活動および中高

生の修学旅行の受け入れを実施している。

　2008年から2015年までの小学生を対象にした交流プログラムでは、延べ泊数17,546泊になっており、中高生を対象にした修学旅行では、2015年は３校、290人で延べ泊数380泊であった。スキー客の減少により民宿やバス会社の収入が大きく減少したなかで、収入源と安定した宿泊客の確保に貢献している。

　2015年までのプログラムの実施には、広島県教育委員会と北広島町から補助金が出されている。この補助金は、2016年度で終了した。小学生と中高生を対象にした体験交流プログラムの実施、修学旅行の受け入れは、宿泊客の確保および農山村体験を通じた教育効果がみられたが、今後は補助金に頼らないプログラムの運営が課題になっている。

３．観光振興の成功要因および効果

（１）成功要因
①行政と民間の協働
　北広島町では、2010年に「NPO中山間地域まちづくり研究所」が県および町と連携し、韓国の旅行会社を対象に営業活動を行った。誘致活動には町の職員が随行し、視察団が訪れる際にも担当者を派遣した。また、修学旅行生の受け入れに対しては、宿泊費を補助するほか、地域の特産品を提供するなどきめ細かい支援を行った。加えて、教育委員会や北広島町、民宿やバス会社などの民間企業が連携し農山村体験交流プログラム事業を進めている。
②豊かな自然および原風景の魅力の活用
　北広島町は豊かな自然を有し、日本の伝統的な里山の風景を留めている。外国人観光客にとっては、自然環境とともに日本文化を体験できることが複合的な魅力となっている。
③日本文化の活用による観光促進
　トレッキングツアーのみならず、北広島町のインバウンド観光商品の価

値を高める目的で、受け入れ側から日本文化体験という観光魅力の提案を行ったのが神楽の公演である。本来神楽は、地域の祭りに奉納するものであるが、広島県芸北地域や島根県石見地域では神楽団が結成され、祭り以外の時でも地域の大小のイベントなどに多く参加している。北広島町の郷土芸能である農耕文化に根付く神楽の舞を公演することで、他地域の観光商品との差別化を図り、インバウンド観光客の拡大に繋げることを目的に始められたのである。筆者が、神楽を観賞した韓国人観光客を対象に実施したアンケート調査では、ほとんどの人が神楽公演に満足していた。アンケート回答者からの要望があったインバウンド観光客の母国語に翻訳したセリフの配布や、神社の神楽殿などで開催することで日本の伝統文化への体験をより効果的にすることができるだろう。

④積極的な受け入れ活動とキーパーソンの存在

　北広島町では、当初は、NPO団体と行政が主導する形で始まった外国人旅行客の受け入れ事業が、その後、北広島町で宿泊施設を経営する民間業者らに継承され、積極的な誘致活動が展開されている。特に活動の中心となるキーパーソンが存在したことが重要であった。

（2）インバウンド観光振興による効果

①経済効果・地域活性化

　1980年代から1990年代、北広島町はスキー客で賑わい、多数の民宿があった。その後のスキー客の減少により、多くの民宿が経営難に陥ったことへの対応として、外国人観光客誘致に着手した背景がある。2015年現在、累計1,676人の外国人観光客が北広島町で宿泊しており、インバウンド観光が地域経済に寄与している部分もある。なお、農山村体験交流プログラムの実施によりさらなる宿泊客の確保もできた。同様の効果が庄原市でも見られた。しかし、一定の経済効果や地域活性化に影響を与えたとしても、人口減少や高齢化を阻止するまでには至らなかったことが今後に残された課題である。

②国際交流

　筆者が韓国人観光客を対象に実施したアンケートおよびインタビュー調査では、北広島町を訪れた外国人観光客の満足度は高いことが示されている。旅行後、日本に対するイメージも向上し、再訪問や知人への推薦を考える割合も高い。民宿を利用した外国人観光客からは、畳の部屋で過ごす体験を新鮮に感じ、家族的なもてなしに感動したという意見が多くみられた。民宿の活用は、日本文化の体験の機会を提供し、国際交流に寄与することが示唆された。

③交流人口の拡大

　観光振興により観光客が増加しても、人口増加を促し高齢化を阻止するまでには至らない。しかし観光客と地域住民との交流には大きな意義がある。交流人口の拡大による地域活性化を図ることができるからである。

④地元に対する自負心の向上

　祭りの開催や観光振興により観光客が増加し、地域の知名度がアップしたことで、地域住民の地域に対する郷土愛の向上や地域に対する愛着が強くなったことを、筆者の観光地域住民の調査から知ることができた。特に、外国からの観光客が地域の自然や文化を評価することで地域に対する自負心の向上が確認された。また、北広島町や庄原市はインバウンド観光の取り組みに関して、地元や地元外からの取材や報道が多いことから、国内からの関心も高めている効果があった。

4．人口減少・少子高齢化社会における観光振興の課題

（1）地域連携

　北広島町は町単独でインバウンド観光を推進しており、近隣自治体にまではその取り組みは広がっていない。しかし、トレッキングツアーは隣接する地域で行われる場合もあり、近隣自治体への波及効果も一部では生じている。より広い範囲の他市町村をも巻き込んだ取り組みによって、地域活性化の効果もさらに向上することが期待される。

（2）外国人観光客向けの情報発信

　国内向けの情報発信は積極的に行われているが、外国人観光客の誘致は、ツアーを実施している韓国旅行会社の広報に任せられており、北広島町および庄原市から海外への情報発信は殆ど行われていないのが現状である。今後の自治体サイドからも積極的な情報発信が望まれる。

（3）行政の支援と協力

　北広島町ではインバウンド観光客の受け入れと農山村体験交流プログラムにおける小学生・中高生の受け入れにおいて、教育委員会と北広島町役場から補助金が支給されていたが、インバウンド観光に対しては2013年をもって中断されている。政府や自治体からの補助金などの支援策に対する批判もあるが、行政サイドが、人材の育成や支援など何らかの適切な支援を講じることが望ましい。

（4）受け入れ体制の整備

　都会のホテルとは異なる施設や食事の提供は、日本人の生活、文化を肌で体験できるということで、外国からの観光客に好評を得ているが、言葉が通じないことに不便を感じるなど、問題もある。外国語ができるスタッフを常駐させることは困難であるとしても、外国語表示の整備などを早急に推進することが求められる。

（5）インバウンド観光と国内観光客との並行

　日本における人口減少・少子高齢化が進むなかで、インバウンド観光に対する期待は今後ますます高くなるだろうが、地方におけるインバウンド観光促進には数字的に限界がある。そのため、国内観光客誘致とも並行してインバウンド観光に取り組んでいくことが望ましい。

（6）着地型観光の実践

　近年、観光地が主体になり観光客の受け入れを行う着地型観光が注目を

集めている。北広島町では、インバウンド観光の誘致活動および受け入れ、農山村体験交流プログラムの推進を地元が中心になって実施している。北広島町の取り組みではないが、広島県庄原市観光協会では「地域限定旅行業」を取得し、地元が中心になって観光客の募集から受け入れ業務まで行っている。当該地域の自然や文化に精通している地元の住民自らが観光業務に携わることで、より魅力ある観光商品の提供が可能になる。

（7）観光産業における人材育成と活用

　人口減少・少子高齢化時代において観光振興を促進させるためには、地域の観光産業を担っていく人材育成と活用が重要であろう。特に、上述した着地型観光の実践のためには人材育成と活用が課題になってくる。広島県において伝承され、近年盛んに演じられている伝統芸能である神楽が好きで、地元に残って神楽を継承したいと希望する若者が多いことが筆者の調査から分かった。彼らを地元の観光産業の担い手として育成できれば、観光振興につながるだろう。

おわりに

　人口減少・少子高齢化により観光客減少および観光産業の担い手の高齢化など観光への影響が生じている。こうしたなかで、観光振興を推進することに、人口減少・少子高齢化の問題の全てを解決するには限界があると言えるが、観光の分野において国内外から高く評価される地域になれば、今後その地に住み続けたいと思い、またIターン、Jターン、Uターン現象が生まれる可能性も考えられる。

　人口減少・少子高齢化がすすむ地域において観光振興が交流人口の拡大につながり、地域活性化や国際交流に貢献できることは否定できない。そのため、国および地域は観光振興のために広域連携を図り、一定の支援を行い、国内観光客誘致を推進しながら、インバウンド観光も並行して推進していかなければならない。インバウンド観光においては、情報発信や受

け入れ体制の整備などの課題がある。こうした課題を解決し、国内外からの観光客を確保できれば、地元での就業を希望する若者には仕事の場を与え、高齢者には活躍の場が提供できる。

　観光関連産業における担い手の人口減少・少子高齢化の問題は、本章で取り上げた北広島町でも明らかになった。また筆者が行ったほかの調査地域においても、祭り開催の成功により観光客が大幅に増加しても、人口減少・少子高齢化を阻止することはできていない例が多くあった。観光関連産業の担い手の高齢化の課題を解決するためには、IターンやJターン、Uターンなどの積極的な支援策の推進が必要になってくる。

◆まとめ◆

1. 人口減少・少子高齢化は観光産業に影響を与えている。
2. インバウンド観光の推進は、人口減少・少子高齢化の解決策になる可能性を秘めている。
3. インバウンド観光振興により交流人口の拡大や国際交流の効果が得られる。
4. 人口減少・少子高齢化における観光振興の課題として、地域連携や人材育成があげられる。

参考文献

李良姫（2016）「人口減少と高齢化による観光への影響 − 国および地域の取るべき政策 −」
　『日本地域政策研究』第16号、pp.4-16。

尾家建生・金井萬造編著（2008）『これでわかる！−着地型観光地域が主役のツーリズム−』学芸出版社。

西村幸子・高井典子・中村哲（2014）「海外旅行の実施頻度に関する動態的循環モデル：
　若者の海外旅行離れ「論」への試み」『同志社商学』（65-4）pp.337-363。

渡邉剛（2013）「人口減少社会における観光と地域づくり」『REPORT2013』vol.150、
　pp.3-12。

参考Webサイト

みずほ総合研究所ホームページ〈http://www.mizuhori.co.jp/publication/research/
　pdf/insight/pl140328a.pdf〉（2020年11月3日閲覧）。

北広島町、北広島町の人口と世帯数ホームページ〈http://www.town.kitahiroshima. lg.jp/chominka/jinkou.html〉（2020年11月3日閲覧）。

法務省、出入国管理統計表・出入（帰）国者数ホームページ〈http://www.moj.go.jp/ housei/toukei/toukei_ichiran_nyukan.html〉（2020年11月3日閲覧）。

日本政府観光局（JNTO）、統計発表ホームページ〈http://www.jnto.go.jp〉（2020年11 月3日閲覧）。

観光庁、観光統計・宿泊旅行統計調査ホームページ〈http://www.mlit.go.jp/common/ 001114695.pdf〉（2020年11月3日閲覧）。

総務省統計局、統計データ・人口推計ホームページ〈http://www.stat.go.jp〉（2020年 11月3日閲覧）。

第13章

観光危機と新たな観光スタイル

はじめに

　新型コロナウイルスの感染拡大は、人々の生活や産業に多大な影響を与えたが、とりわけ、観光に与えた影響は計り知れない。観光地では、観光客の誘致と感染拡大の恐れというジレンマを抱えていたが、政府による観光地や観光産業への支援策であるGo Toトラベルが実施されるようになってからは、観光客の誘致に積極的になっているように見受けられる。

　新型コロナウイルス感染拡大により、国内外において観光客の減少や観光収入の減少が著しい。2008年に生じたいわゆるリーマンショックによる世界経済不況の影響で、それまで順調に伸びていた国際観光客は2009年に大きく減少した。その時と比べても何倍もの影響を受けた。それでも観光は驚異的な力を発揮し、回復するだろう。

　筆者は、兵庫県のポストコロナ社会の新たな生活スタイル検討委員会の委員として、兵庫県内の主な温泉観光地である有馬温泉、城崎温泉、湯村温泉の現地調査を中心に、新型コロナウイルス感染拡大による影響および現状を調査分析した。

　本章では、新型コロナウイルス感染拡大が国内外の観光客、観光地に与えた影響について述べ、兵庫県の湯村温泉の取り組みから見る今後の新たな観光スタイルのあり方について提示する。

1. 観光危機が観光活動に与える影響

（1）観光危機の定義

　沖縄は、豊かな自然、健康的な食文化、明るく楽しい伝統芸能などが観光の魅力になっている。一方で、「台風の常襲性や土地の狭あい性、県外及び県内離島を結ぶ交通手段が空路と海路に限定されるなど、防災上不利な地理的条件を有している」（沖縄県、2016）ことも事実である。実際に、「平成13年の米国同時多発テロ事件、平成15年のSARS（重症急性呼吸器症候群）、平成21年の新型インフルエンザの流行、平成23年の東日本大震災により観光客数が激減し、県経済や雇用面で甚大な被害を受けた」（沖縄県、2016）とされている。

　こうしたことから沖縄県では、観光危機が発生した場合や発生する恐れがある場合において、「観光客への情報発信、避難誘導・安全確保、帰宅困難者対策、危機後の風評被害対策、観光産業の早期復興・事業継続支援等を迅速かつ確実に実施できる体制を整備することにより、安全・安心・快適な観光地としての沖縄観光ブランドを構築し、世界水準の観光リゾート地の形成を図ることを目的」に「沖縄県観光危機管理基本計画」（沖縄県、2016）を立てている。この計画では、「台風、地震、津波、航空機・船舶事故、感染症などの災害・事故等の発生により、観光客や観光産業に甚大な被害をもたらすこと」を観光危機と定義している。また、観光危機の類型には、災害危機、健康危機、環境危機があるとしている。さらに、災害危機には、地震、津波、台風、洪水・高潮・土砂災害などの自然災害と火災、交通（バス・鉄道・航空機・船舶等）事故、停電、武力攻撃、テロ、戦争、ハイジャックの人的災害に分類している。

　新型コロナウイルス感染拡大は、健康危機に含まれるだろう。沖縄県が提示しているものには、観光危機のほかには、国内外の経済悪化や不況による経済危機や特定国や地域、民族間の関係悪化、国内政治の不安定などの政治危機がある。

（2）コロナ禍以前とコロナ禍の国際観光動向

　2018年国際観光客到着数は、14億人で2017年対比6％増加し、2030年には18億人に達すると予想した。また、国際観光収入総額は1兆7,000億米ドルで、観光は、化学および燃料に続く世界第3位の輸出区分であり、自動車製品および食品を上回るとした（国連世界観光機関、2019）。新型コロナウイルス感染者が発生した2020年1月の国連世界観光機関（UNWTO）の発表では、国際観光客数は3％〜4％の成長を予測した。新型コロナウイルス感染拡大以前は、国際観光客数は順調に伸び、今後も成長を続けると予測していた。

　しかし、新型コロナウイルス感染拡大が世界的に広がった2020年7月30日の国連世界観光機関の発表によると、1月から5月までの国際観光客到着数が前年同期比56％減少し、新型コロナウイルス感染拡大が最も深刻な状況であった5月の国際観光客数は、2019年と比較して98％減少したという。全世界において3億人の観光客数の減少があり、3,200億米ドルの国際観光ビジネス収入の損失があった。観光業における劇的な落ち込みは、何百万人もの生活を危険にさらすと、国連世界観光機関事務局長は発表している。

　5月以降も厳しい状況が継続し、2020年10月9日の国連世界観光機関の発表によると、1月から6月の国際観光客到着数は2019年と比較して93％減少し、国際旅行需要は4億4,000万人の国際観光客到着数の減少があり、約4,600億米ドルの国際観光からの輸出収入の損失等がみられ、大幅に減少したとする。国際観光収入については、世界的な経済・金融危機の渦中であるといわれた2009年の約5倍の損失となると予測されている。しかし、この予測の何倍もの損失が続いている現状である。

　図5は、近年の観光危機と国際観光客数の動向である。2000年は、前年の1999年対比国際観光客数は5,000万人の増加になった。しかし、2001年は2000年と、2002年と2003年は同様の数字で伸びていない。これは、2001年に起きたアメリカ同時多発テロと2003年に発生したSARSコロナウイルスの影響によるものである。また、2009年に国際観光客数が減少している

のは、世界経済不況の影響である。

単位：億人

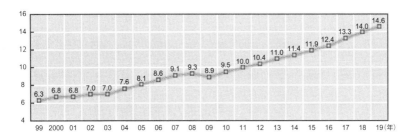

図5　観光危機と国際観光客数
出所：『令和2年版観光白書』（観光庁編、2020）

（3）コロナ禍が国内観光産業に与えた影響

　日本においても外国からの観光客数は2019年と比較し大幅に減少した。2020年7月の主要旅行業者の旅行取扱状況を見ると、訪日外国人の総取扱額は対前年同月比5.4％で、日本人の海外旅行は前年同月比1.2％になっている（観光庁、2020）。国内旅行は、対前年同月比21.6％となっており、日本人延べ宿泊者数は、前年同月比-45.7％となったとしている。外国人延べ宿泊者数は、前年同月比-97.0％に減少し、外国人観光客は国内の観光地から姿を消した。

　こうした状況は、2020年7月22日から実施されたGo Toトラベル事業の拡大により、2020年9月の主要旅行業者の国内旅行取扱状況は対前年同月比37.2％まで回復した。2020年10月の宿泊旅行統計においても、日本人延べ宿泊者数は前年同月比-17.2％となり、日本人宿泊者数のみではかなりの回復傾向となった（観光庁、2020年11月30日発表）。

　Go Toトラベルが実施された7月22日から10月31日までのGo Toトラベル事業の利用実績報告に拠ると利用人泊数は、少なくとも約3,976万人泊になると観光庁は発表している（観光庁、2020年11月13日発表）。

２．観光危機を克服するための湯村温泉の取り組み

（１）湯村温泉の概要

　本節で取り上げる兵庫県の湯村温泉は、98度の源泉を有し、豊富な湯量が自慢ではあるが、全国的にはあまり知られていない側面もある。コロナ禍以前から朝野泰昌氏（湯村温泉旅館朝野家代表・湯村温泉観光協会会長）を中心に、積極的な観光客誘致およびまちづくりを実施しており、コロナ禍においても様々な対策をとっている。

（２）宿泊客の確保

　宿泊減少のなかでも朝野湯村温泉観光協会会長を中心に、「温泉むすめ・湯村千代」というアニメ風キャラクターを活用し、湯村温泉のPRをするなど集客に専念してきたなかでの新型コロナウイルス感染拡大は湯村温泉に多大な影響を与えた。

　朝野湯村温泉観光協会会長が経営している朝野家は66室の客室があるが、その半分の33室のみを営業している。朝野家は、2020年９月に32名の団体宿泊客もあり宿泊客は順調に伸びている。これは名古屋のメディアが主催した商品で、新聞、チラシなどを中心に募集した「５つ星の宿と旅館100

写真30　朝野氏による湯村温泉ガイド

出所：筆者撮影（2020年８月17日）

選の宿」というツアーであり、朝野家１泊、朝野家の隣の旅館「いづつや」に１泊する湯村温泉２泊コースで高級旅館を「売り」にした商品である。

　湯村温泉では、感染拡大の予防を徹底しながら集客のためのイベントを開催している。例えば、湯村温泉街の各所にあるハートマークを見つけて撮影する企画「幸せの隠れハートを探せ」や「浴衣さんぽ」など人との接触や密を避けたイベントを実施した。

写真31　浴衣でさんぽイベントとクーポン
出所：湯村温泉観光協会提供（2020年８月17日）

（3）従業員の確保

　「雇用調整助成金」とは、新型コロナウイルス感染症の影響により、事業活動の縮小を余儀なくされた場合に、従業員の雇用維持を図るために、「労使間の協定」に基づき、「雇用調整（休業）」を実施する事業主に対して、休業手当などの一部を助成するものである。

　朝野家は、この雇用調整助成金を受け、2020年４月から新型コロナウイルス感染拡大により営業を自粛していた期間も、従業員を解雇せず、社宅の家賃を３か月間無料、10万円貸出、従業員への旅館の温泉の使用を許可し、100人のパート従業員と、45人の正社員に70％の給料を支払った。また女将である朝野氏の妻が社員に食事を提供した。朝野家の従業員の70％は女性で、70歳を超えた高齢者も多く、地域の女性や高齢者に就業の機会を提供している。

（4）感染症防止対策

　自動消毒液の設置や大浴場の使用中の人数表示など、徹底した予防対策を行い、宿泊者のためのきめ細かなおもてなしを実践している。また、チェックインの際には検温をするが、額に当てる検温の仕方を嫌う宿泊客も多いことからサーモグラフィー検温システムを導入した。ホテルのロビーにサーモグラフィー検温システムを設置することによりロビーを通るだけで検温ができ宿泊客に不快感を与えることもなくなった。

写真32　朝野家のきめ細かな感染拡大防止対策

出所：筆者撮影（2020年8月17日）

（5）支援策の活用

　日本政府による観光産業への支援策であるGo Toトラベル事業における最初の実施日7月22日から10月15日までの利用人泊数は、　少なくとも約3,138万人泊で割引支援額は少なくとも約1,397億円であると、2020年10月30日に観光庁は発表した。

　朝野家をはじめ湯村温泉でもこのGo Toトラベル事業や兵庫県などの地方自治体による支援策を最大限活用している状況である。

　湯村温泉がある兵庫県新温泉町では、新型コロナウイルス感染症による観光需要の落ち込みを回復するため、兵庫県内の特産品の購入促進を図ることを目的にした「新温泉プレミアムおみやげ券」の販売を10月29日から開始した。プレミアムおみやげ券を利用して、観光客や地元の住民が土産物やカニ、但馬牛など新温泉町の特産品を購入することができる。5,000

写真33　兵庫県温泉地おみやげ購入券

出所：筆者撮影（2020年8月17日）

円で購入すると6,000円分のおみやげ券がもらえる仕組みで、購入上限は
1人20,000円で24,000円分のおみやげ券となっている。

　また、町内の宿泊施設を利用することにより町の良さを再発見してもら
うことを目的に「新温泉町民げんき券」を発行し、使用可能期限は、7月
27日から10月31日までとなっている。その他、商工会の飲食券などが発行
され、地元の産業の回復に努めている。

3．新たな観光スタイル

（1）マイクロ・ツーリズム

　星野リゾート代表の星野佳路氏は、マイクロ・ツーリズムを「長距離
や海外への旅行に対して、3密をさけながら近場で過ごす旅のスタイル」
（ディスカバージャパン、2020）としている。3密とは、密閉、密集、密接
を示している。近場というと通常は、居住地から1～2時間以内で移動で
きる距離である。

（2）ステイケーション

　近場の宿泊施設に滞在して、非日常を体験する新しい旅のスタイルであ
る。訪日外国人宿泊客数が大幅に減少し、国内の宿泊客数の減少により、
コロナ禍における日本国内の宿泊客の動向からもわかるように宿泊業は大

きな打撃を受けている。宿泊施設が直面している状況を克服するためには、宿泊施設の各々の魅力を提供し、長期滞在できる工夫をしていかなければならない。

（3）ワーケーション

　ワーケーションとは、ワーク（work：仕事）と（vacation：休暇）を組み合わせた造語で仕事とバカンスを併用するものである。主たる仕事場から離れて、観光地に滞在しながら、リモートワークする新たな仕事と休暇のスタイルである。政府もテレワークで地方移住を促進させるために最大100万円を補助する政策を2021年から実施する。

　湯村温泉観光協会会長朝野氏は、湯村温泉におけるワーケーションの可能性に大きく期待している。12月は、観光物産店にワーケーションの専用施設をオープンするなどワーケーションの受け入れに強い意欲をしめしている。ワーケーションは観光地の新たなまちづくりの可能性を秘めている。

４．観光危機を克服するための課題

（1）他地域との差別化

　新型コロナウイルス感染拡大を契機に、マイクロ・ツーリズム、ステイケーション、ワーケーションなど新たな観光スタイルに注目が集まっているなかで、どこの観光地も、どこの施設も類似したプログラムの提供や受け入れをしている。今後、ますます激しくなると予測される競争のなかで生き残るための他地域との差別化が課題である。

（2）着地型観光の実践

　本書のなかの多数の章において、着地型観光の実践の重要性について述べているが、受け入れる地域が観光客を募集し、観光プログラムを提供、運営する着地型観光が観光危機を克服するためには最も重要である。そのためには、ホスピタリティ精神を何より大事にする本来の日本の強みを活

かすさりげないおもてなしの提供が有効である。

（3）新たな観光ビジネス戦略

コロナ禍において、以前より一般的となったITやオンラインの活用を通して観光ビジネスをすすめることが必要になっている。また、観光危機への対策としては、ある事業に偏らない、観光事業の分散化など観光ビジネスの総体的な戦略の見直しが課題となっている。

（4）観光危機への対策

前述した様々な観光危機への対策が必要ななかで、とりわけ、新型コロナウイルス感染拡大防止のためには、３密を避ける観光、小規模の個人旅行、少人数での体験型観光が有効である。

おわりに

国連世界観光機関は、旅行制限の段階的かつ直線的な解除、ワクチンや治療法に関する利用の可能性、また、旅行者の信頼回復を前提にしても、国際観光客到着数に関しては、2019年のレベルに戻るまでに２年半から４年かかると予測している。今までの国際観光客の受け入れ、つまり、インバウンド観光客の受け入れに力を入れてきた国の観光政策や観光地の考え方を修正しなければならない。

新型コロナウイルス感染拡大が続いている状況において、日本をはじめ世界各国では国内観光振興に力を入れている。まずは、国内観光の推進による観光産業の雇用維持や観光地の活性化を図ることが急務である。そのうえで、新型コロナウイルスの収束後に向けたオンラインを通した国際観光客の集客のためのプロモーション活動を並行していくことが望ましい。加えて、観光危機を克服するためには観光産業、観光地、観光を促進する組織や団体が互いに連携をとりつつ、真剣に取り組んでいかなければならない。

◆まとめ◆

1. 観光は、新型コロナウイルス感染拡大により甚大な影響を受けている。
2. 観光地では、感染防止対策を取りながら観光客の受け入れに積極的になっている。
3. ポストコロナ社会の新たな観光スタイルが模索されている。
4. 他の観光地との差別化や着地型観光の実践、新たな観光ビジネス戦略の模索が課題になっている。

参考文献

沖縄県（2015）『沖縄県観光危機管理基本計画』。
沖縄県文化観光スポーツ部（2016）『沖縄県観光危機管理実行計画』。
観光庁編（2020）『令和2年版観光白書』日経印刷。
ディスカバージャパン（2020）『Discover Japan　特集　新しい旅スタイルは始まる』2020年10月号。
日本交通公社（2020）『観光文化』第44巻3号、第246号、佐川印刷。

参考Webサイト

観光庁ホームページ〈https://www.mlit.go.jp/kankocho/about/index.html〉（2020年11月5日閲覧）。
厚生労働省ホームページ〈https://www.mhlw.go.jp/stf/seisakunitsuite/bunya/koyou_roudou/koyou/kyufukin/pageL07.html〉（2020年11月5日閲覧）。
国連世界観光機関（UNWTO）駐日事務所ホームページ〈https://unwto-ap.org/〉（2020年12月13日閲覧）。
日本政府観光局ホームページ〈https://www.jnto.go.jp/jpn/〉（2020年11月5日閲覧）。
湯村温泉観光協会ホームページ〈http://www.yumura.gr.jp/〉（2020年11月5日閲覧）。
湯村温泉ゆけむりの宿朝野家ホームページ〈http://www.asanoya.co.jp/〉（2020年11月5日閲覧）。

索　引

【著者】

李　良姫（い　やんひ）

兵庫大学現代ビジネス学部現代ビジネス学科　教授
兵庫大学エクステンションカレッジ　副カレッジ長
高槻市産業振興審議会　委員
兵庫県ポストコロナ社会の新たな生活スタイル研究委員会委員
高砂市民提案型地域協働推進事業「夢の代」提案事業評価委員会
　委員長
関西学院大学社会学部卒業
広島大学大学院国際協力研究科博士後期課程修了　博士（学術）

主な論文・著書
『民族分断と観光　金剛山観光から見る韓国・北朝鮮関係』（単
　著）溪水社、2018年
「人口減少と高齢化による観光への影響－国および地域の取るべ
　き政策」『日本地域政策研究』（単著）2016年
『交渉する東アジア近代から現代まで－崔吉城先生古稀記念論文
　集』（共著）上田崇仁ほか編、風響社、2010年

観光学入門

2021年5月31日　　初版第1刷発行
2021年10月15日　　　第2刷発行

著　者　李良姫
発行所　株式会社溪水社
　　　　広島市中区小町1-4（〒730-0041）
　　　　電話082-246-7909　FAX082-246-7876
　　　　e-mail: info@keisui.co.jp（代表）

ISBN978-4-86327-559-1　C1036